Z 173
Eg. 30.

L
*

~~L 1869.~~
~~1374.~~

C

11866
30

**BIBLIOTHÈQUE
POUR TOUT LE MONDE**
DIRECTEUR: AD. RION

HISTOIRE:
FRANCE
[420—1849]

PARIS,
PHILIPPART, LIBRAIRE
rue Dauphine, 24.

HISTOIRE
DE FRANCE

PAR

GIRAULT.

PARIS,

CHEZ PHILIPPART, LIBRAIRE,

RUE DAUPHINE, 24,

ET CHEZ TOUS LES LIBRAIRES

DE LA FRANCE.

1850

HISTOIRE
DE FRANCE.

Le vaste pays qui s'étend du Rhin aux Pyrénées, de l'Océan Atlantique au Jura et aux Alpes, et dont la plus grande partie porte aujourd'hui le nom de *France*, était désigné autrefois sous celui de *Gaules*. Cette contrée était presque couverte d'épaisses forêts, et habitée par des peuples belliqueux nommés *Celtes* ou *Gaulois*, qui, pressés par l'excès de la population, envoyaient au loin de nombreuses colonies. Quelques-uns s'établirent d'abord en Italie, et bientôt une armée gauloise se porta sur Rome, qu'elle saccagea l'an 360 de la fondation de cette ville.

Les Gaulois à cette époque étaient gouvernés par des chefs électifs, et surtout par des prêtres nommés druides, qui avaient voix prépondérante dans toutes les décisions relatives aux affaires publiques ou particulières, et même quand il s'agissait de la paix ou de la guerre.

Ces druides avaient une doctrine mystérieuse, inconnue au vulgaire, et le sang humain coulait quelquefois sur les autels dans les sacrifices qu'ils offraient à leur dieu *Teutatès*. Les femmes étaient l'objet d'une vénération religieuse, se mêlaient d'enchantements, et exerçaient une grande autorité non-seulement dans leurs familles, mais au milieu des assemblées de la nation.

Peu à peu cependant la civilisation pénétra dans les Gaules, et plusieurs villes importantes existaient déjà quand César à la tête des légions romaines vint faire la conquête de ce pays longtemps redoutable aux Romains même. Dix années suffirent à peine au plus grand général qu'ait eu la République pour asservir cette fière nation. Enfin les armes romaines triomphèrent, et Vercingétorix, le héros de la nation, mourut le fer à la main : et la liberté expira avec lui.

Les crimes ou la faiblesse des empereurs, l'avilissement des peuples, la corruption générale, faisaient pencher l'Empire romain vers sa chute. Les Francs, qui ont donné leur nom à la liberté, ou qui l'ont reçu d'elle, s'avancèrent du fond de la Germanie, à leur tour, et passèrent le Rhin, vers l'an 420. A leur tête marchait, dit-on, Pharamond, à peine connu dans l'histoire. Clodion-le-Chevelu, ainsi nommé de ses longs cheveux, marque de distinction chez les Francs, lui succéda, pénétra dans les riches et fertiles plaines de la Gaule, fixa sa demeure à Tournay, et y mourut en 448.

Mérovée, son successeur, s'illustra par la défaite d'Attila, et de son nom, devenu glorieux, les rois de la première dynastie s'appelèrent *Mérovingiens*. Childéric Ier, quatrième chef des Francs établis dans les Gaules, fut chassé du trône par ses excès, et mourut en laissant l'autorité suprême à son fils Clovis.

MÉROVINGIENS.

481—Clovis Ier, vrai fondateur de la monarchie française, n'avait que quinze ans quand il fut élu chef des Francs. Le premier ennemi qu'il attaqua et vainquit fut Siagrius, général romain. Il fit ensuite alliance avec Gondebaud, roi des Bourguignons, qui lui donna en mariage Clotilde, sa nièce. Cette princesse, d'un rare mérite et d'une grande piété, exhortait souvent son mari à renoncer au paganisme, et elle redoubla ses instances lorsque Clovis partit pour une expédition contre les Allemands, dont les invasions répétées désolaient le nord de la Gaule.

Un combat mémorable se livra dans les plaines de Tolbiac, près de Cologne, en 496. Au premier choc, les Francs plièrent. Alors Clovis, se souvenant des avis de la reine, s'écria : *Dieu de Clotilde, si tu me rends victorieux, jamais je n'aurai d'autre Dieu que toi.* Aussitôt ses troupes se rallient, retournent à l'ennemi, et remportent la victoire. Clovis, fidèle à sa promesse, se fit instruire, et reçut le baptême à Reims, des mains de saint Remi.

Gondebaud ayant fait périr le père de Clotilde, Clovis lui déclara la guerre, et rendit son royaume tributaire. Il vainquit ensuite les Visigoths, et sa puissance se serait étendue jusqu'aux Alpes, si Théodoric n'eût fait éprouver une défaite à ses troupes, sous les murs d'Arles.

Les dernières années de ce prince ne répondirent pas à de si heureux commencements. Il fit périr plusieurs princes de sa famille pour s'emparer de leurs Etats, et son ambition, toujours plus ardente, le poussait à de nouveaux crimes, quand il mourut, âgé de quarante-cinq ans, à Paris, dont il avait fait sa capitale.

511—Les quatre fils de Clovis divisèrent ses Etats en quatre parts à peu près égales : Thierry eut, sous le nom de royaume d'*Austrasie*, tous les pays situés sur les deux rives du Rhin et de la Meuse : Metz fut sa capitale ; Childebert Iᵉʳ régna à Paris ; Clotaire s'établit à Soissons, Clodomir à Orléans.

L'autorité maternelle de Clotilde entretint quelque temps la paix entre ces jeunes princes ; mais Clodomir ayant péri à la guerre contre les Bourguignons, ses frères s'emparèrent de son royaume, au préjudice de trois fils qu'il laissait en bas âge, et cette injustice amena le crime le plus affreux. Childebert et Clotaire conçurent le projet d'assurer leur usurpation par la dégradation ou par la mort de leurs neveux, que Clotilde élevait dans la retraite. A l'invitation de ses fils, elle vint à Paris, et les deux rois qui s'y trouvaient réunis la firent prier de leur envoyer les enfants de Clodomir, pour les montrer, disaient-ils, à l'armée et au peuple. Les jeunes princes, pleins de joie, vont trouver leurs oncles, qui les arrêtent, et envoient à Clotilde une épée et des ciseaux, fatal emblème de la mort ou de la honte. La veuve de Clovis, égarée par la douleur, s'écrie : « Qu'ils règnent ou qu'ils meurent ! » et ces paroles insensées deviennent l'arrêt de mort des jeunes princes. Clotaire saisit l'aîné et le poignarda; le second, épouvanté, se jette aux genoux de Childebert, et lui demande la vie; mais Clotaire, plus cruel encore, et déjà couvert de sang, s'approcha brûlant de fureur et le fer levé. Childebert se place entre le bourreau et la victime. «Eh quoi! dit Clotaire, c'est toi qui m'as poussé, et tu recules! Laisse-moi achever, ou meurs toi-même.» Childebert se détourne lâchement, et le monstre égorge l'enfant sur le corps de son frère.

Au milieu de cette scène d'horreur, Clodoald, le plus jeune des trois princes, était disparu, et sa retraite demeura inconnue pendant dix ans. C'est ce prince que l'Église invoque sous le nom de saint Cloud. Inconsolable de la mort de ses petits-fils et du crime de ses fils, Clotilde passa dans la retraite les dernières années de sa vie.

558—Clotaire Ier—Thierry et Théodebald étant morts sans postérité, Clotaire, déjà maître d'une partie de la France, s'empara du royaume d'Austrasie au préjudice de Childebert; mais ce dernier excita à la révolte Chramn, le fils chéri de Clotaire, et lui fournit des secours. La mort l'ayant frappé, Clotaire se trouva maître de toute la monarchie, et Chramn, privé de son protecteur, fut obligé de se soumettre. S'étant révolté une seconde fois, il trouva un nouvel appui dans Conobre, prince des Bretons, et il osa présenter la bataille à Clotaire. Conobre perdit la vie dans le combat, et Chramn, qui s'était réfugié dans une chaumière, y fut brûlé avec sa femme et ses enfants par l'ordre de son père. Dès lors Clotaire régna en paix sur la Gaule romaine entière; mais les remords empoisonnèrent les jours de ce prince couvert de crimes. Il mourut à Soissons, un an après le meurtre de son fils.

561—Un second partage eut lieu, après la mort de Clotaire, entre ses fils : Caribert régna à Paris, Gontran à Orléans, Sigebert à Metz, et Chilpéric à Soissons.

Caribert fut conduit au tombeau à la fleur de l'âge par la dépravation de ses mœurs.

Chilpéric Ier, qui avait d'abord épousé Galsuinde, sœur de Brunehaut, femme de Sigebert, la répudia pour prendre Frédégonde, qui se débarrassa de Galsuinde en la faisant étouffer dans son lit. Telle fut l'origine de la rivalité de ces deux femmes, moins célèbres par leur beauté que par leur ambition et par leurs crimes.

Sigebert, roi de Metz, excité par Brunehaut, déclara la guerre à Chilpéric, le vainquit, le poursuivit jusqu'à Tournay, et mit le siége devant cette ville; mais Frédégonde le fit assassiner.

Chilpéric, échappé par ce crime à une ruine certaine, rentra dans ses Etats. Frédégonde fit alors assassiner Audovère, que Chilpéric avait répudiée avant son mariage avec Galsuinde, et fit aussi massacrer les trois enfants que le roi avait eus de cette infortunée princesse. Peu après, Chilpéric tomba à son tour sous le poignard de Frédégonde.

613—Clotaire II, à la mort de son père, n'avait que quatre mois. Frédégonde fut nommée régente. Des guerres continuelles signalèrent sa haine contre sa belle-sœur Brunehaut. Cette dernière gouvernait en Austrasie et en Bourgogne, comme tutrice de ses petits-fils, qu'elle plongeait dans les plus honteux excès pour conserver le pouvoir sans partage. La mort de Frédégonde mit un terme à la haine des deux rivales.

Clotaire ayant recommencé la guerre s'empara sans résistance de toute la Gaule; mais il déshonora son triomphe par l'horrible vengeance qu'il exerça contre Brunehaut.

Clotaire mourut peu regretté. Quelques années d'un gouvernement paisible n'avaient point fait oublier qu'il était fils de Frédégonde, et qu'il avait imité ses crimes.

628—Dagobert Ier, déjà roi d'Austrasie, succéda à Clotaire, ne laissant à son frère Caribert que l'Aquitaine. Ce prince fut sage et juste dans les commencements de son règne. Il choisit d'habiles ministres, dont les talents affermirent la puissance des Francs.

Malheureusement Dagobert ne justifia pas par la suite les espérances qu'avaient fait concevoir les premières années de son règne: il se livra à la débauche la plus honteuse, et devint odieux à ses sujets, qu'il accabla d'impôts pour subvenir à ses honteux plaisirs.

Il mourut à Épernay, et fut enterré à l'abbaye de Saint-Denis, qu'il avait fondée.

638—Clovis II succéda à Dagobert. Il avait épousé une jeune Anglaise, prise par des pirates, et vendue en France comme esclave, mais que ses brillantes qualités, et surtout ses vertus, rendirent digne du trône. Ce règne n'offre aucun événement remarquable; mais après avoir rapporté quelques-uns des crimes qui se multiplièrent sous les descendants de Clovis, on aime à recueillir un trait isolé de bienfaisance. Une grande famine avait réduit le peuple à la plus affreuse détresse. Clovis II, après avoir distribué aux malheureux tout l'argent qu'il put retirer de la vente de sa vaisselle, vendit même, pour les soulager encore, les lames d'or qui couvraient les tombeaux de saint Denis et de ses compagnons.

656—Clotaire III monta sur le trône à l'âge de cinq ans. Sa mère, Bathilde, eut la régence, et gouverna en son nom avec sagesse pendant dix ans.

Cependant l'habile et ambitieux maire du palais, Ebroïn, s'efforçait de soumettre à son autorité le peuple, les grands, le roi lui-même. Bathilde, fatiguée de ses vexations, abandonna le gouvernement pour se retirer dans le monastère de Chelles, où elle finit saintement sa vie.

Désormais la tyrannie d'Ebroïn ne trouva plus d'obstacles, et la nation entière fut soumise à son joug. A la mort de Clotaire, il se hâta de placer sur le trône le jeune Thierry, dont il prit la tutelle. Ses tentatives pour établir son pouvoir dans le nord des Gaules effrayèrent les grands, qui se réunirent contre lui, et il fut enfermé dans le monastère de Luxeuil. Les Austrasiens se hâtèrent de profiter de leur triomphe pour proclamer Childéric II roi de France.

670—Childéric II.—La modération du gouvernement de saint Léger, maire du palais, ne put rétablir pour longtemps le calme dans le royaume. Childéric, avide de plaisir, et las des conseils de son ministre, l'enferma à son tour dans le monastère où était relégué Ebroïn, et dès lors il se rendit odieux par son despotisme. Un seigneur, nommé Bodillon, fut attaché par son ordre à un poteau et battu de verges pour avoir osé lui représenter l'injustice d'un impôt excessif. Bodillon se vengea de cette humiliation par un crime : il fit assassiner le roi, la reine et un de ses fils. Le plus jeune, Daniel, échappa au massacre. Il fut enfermé dans un monastère, d'où il sortit, en 716, pour régner quelques années.

Les derniers princes mérovingiens ont été appelés *rois fainéants*, à cause de la vie inutile qu'ils traînèrent sur le trône, abandonnant toute l'autorité aux *maires du palais*, qui tinrent les rois enfermés au fond de leur palais, et ne laissèrent à ces faibles descendants de Clovis d'autres honneurs que la longue chevelure, les plaisirs de la table et le sommeil. Ces maires furent Pépin d'Héristal, Charles-Martel et Pépin-le-Bref.

673—Childéric étant mort, THIERRY fut rétabli sur le trône par les grands de la Neustrie. Ebroïn, profitant d'une occasion si favorable, quitta la retraite, et ressaisit les rênes du gouvernement.

Mais l'Austrasie lui échappa encore. Les Austrasiens, ayant perdu leur roi dans un combat, proclamèrent duc Pépin d'Héristal. Ebroïn le vainquit dans un grand combat; mais il ne put profiter de sa victoire, et fut assassiné l'année suivante. Pépin, sauvé par cette mort, et resté seul maître en Austrasie, étendit bientôt son pouvoir sur la Neustrie. Il déclara la guerre à Thierry, le vainquit à la bataille de *Testry*, et se rendit maître de la monarchie.

691—Thierry étant mort, Pépin continua de gouverner au nom de CLOVIS III. Il convoqua un concile, qui fit plusieurs règlements pour le soulagement des pauvres; il remit en vigueur les assemblées des principaux de la nation, appelées *champs de Mars*, et fit avec succès la guerre aux Suèves et aux Saxons.

Clovis III mourut, en 695, sans avoir régné, ou du moins sans avoir gouverné.

695—CHILDEBERT II.—Pépin gouverna encore sous le

nom de ce prince, qui ne fut pas plus roi que son père ne l'avait été.

711—Dagobert II, fils et successeur de Childebert II, laissa également l'autorité à Pépin. Les Francs se soumettaient sans murmure à la puissance d'un homme qui s'illustrait par ses victoires sur les peuples barbares de la Germanie, et faisait succéder le calme aux discordes qui avaient déchiré la France pendant tant d'années.

716—Clotaire IV.—Pépin en mourant laissa son pouvoir à ses descendants, comme si déjà la couronne avait appartenu à sa famille. A la mort de Dagobert II, Raimfroi écarta du trône Thierry, fils du dernier roi, pour y placer Chilpéric-Daniel, fils de Childéric II; mais le jeune Charles, fils de Pépin d'Héristal, habile et ambitieux comme son père, parvint à écarter ce concurrent, et plaça sur le trône Clotaire IV, prince inconnu, qu'on disait issu de la famille mérovingienne.

Charles, du reste, se montrait le digne successeur de Pépin d'Héristal. Sans négliger le soin du gouvernement, il combattit avec succès les peuples de l'Allemagne qui désolaient par leurs excursions les provinces voisines du Rhin.

717—Clotaire ayant cessé de vivre, Charles-Martel rappela sur le trône Chilpéric II. C'était ce même Daniel qui en avait été exclu après la mort de Childéric II son père. Ce prince, âgé alors de 45 ans, ne doit pas être compté au nombre des rois fainéants, car il n'abandonna pas volontairement l'autorité aux mains des maires du palais. Loin de là, il prit courageusement les armes pour s'opposer à Charles-Martel; mais ce fut en vain, la fortune trompa sa valeur, il fut battu sous les murs de Soissons, et forcé de subir la loi du plus fort.

720—A la mort de Chilpéric II, Thierry II fut proclamé roi; mais Charles-Martel gouverna sous son nom, et s'illustra par de nouveaux exploits. Les Sarrasins, après avoir soumis l'Afrique, conquis l'Espagne, prétendaient étendre encore plus loin leurs conquêtes. Une armée formidable envahit la France sous la conduite d'Abdérame, et s'avança vers la Loire après avoir subjugué toutes les provinces méridionales : Charles marcha à sa rencontre, et le joignit entre Tours et Poitiers.

Le choc fut terrible entre deux armées accoutumées à vaincre. Les Sarrasins, supérieurs en nombre, résistaient avec fureur à la valeur des Francs, lorsque Charles envoya quelques troupes attaquer brusquement le camp de l'ennemi, et tailler en pièces les femmes et les enfants qui s'y trouvaient : leurs cris portèrent le trouble dans l'armée sarrasine ; mais son général arrêta les fuyards, rétablit le combat ; et la victoire était encore indécise, quand Abdérame fut tué au milieu de la mêlée. Alors les Sarrasins regagnèrent en désordre leur camp dans la résolution de s'y défendre ; mais à la vue de leurs enfants et de leurs femmes massacrés, ils s'enfuirent, laissant aux Français leurs tentes, leurs bagages et des richesses immenses.

Charles reçut alors le surnom de *Martel*, parce qu'il avait écrasé ses ennemis comme le marteau brise le fer.

Pendant ces brillants exploits, Thierry vivait et mourait ignoré au fond de son palais.

Charles était au comble de sa gloire et de sa grandeur quand Thierry mourut. Il crut pouvoir mettre un terme à l'usage illusoire de placer sur le trône un prince qui n'avait de roi que le nom ; cependant il n'osa prendre pour lui le titre suprême ; il continua de gouverner sous le nom de *duc des Français*. Pour s'attacher les capitaines et les récompenser de leurs services, il leur donna des bénéfices ou *fiefs*, à charge de fournir à leurs frais des soldats pour la défense du pays ; il jeta par là les premiers fondements du *gouvernement féodal*, qui pesa sur la France pendant tant de siècles.

Charles-Martel se disposait à passer en Italie pour recevoir du pape Grégoire III le titre de consul, lorsque la mort le surprit. Il avait gouverné l'Etat pendant vingt-sept ans. Il fut enterré à Saint-Denis.

742—CHILDÉRIC III.—A la mort de Charles-Martel, ses deux fils, Carloman et Pépin, se partagèrent le gouvernement sans rencontrer d'opposition. Cependant les Neustriens réclamèrent un roi après sa mort, et Childéric III, fils de Chilpéric-Daniel, fut proclamé; mais ce prince n'essaya pas même d'échapper au joug des deux maires du palais, et les fils de Charles-Martel conservèrent l'autorité.

Carloman ayant renoncé à sa part d'autorité pour se retirer dans le monastère du mont Cassin, Pépin, devenu seul maître de l'État, crut pouvoir faire le dernier pas vers le trône. Il envoya demander au pape Zacharie « Si celui-là pouvait prendre le titre de roi qui en avait l'autorité. » Le pape ayant consacré l'usurpation par une réponse affirmative, Pépin réunit à Soissons les grands de la nation, fit valoir ses droits à la couronne, et fut proclamé roi. CHILDÉRIC fut rasé et enfermé dans le monastère de Saint-Bertin, à Saint-Omer, où il mourut en 754. Ainsi finit la *dynastie des Mérovingiens.*

CARLOVINGIENS.

752—PÉPIN, élevé au trône par le suffrage des grands de la nation, voulut affermir son autorité en se faisant sacrer et couronner. La cérémonie fut faite à Soissons, par Boniface, évêque de Mayence. Après avoir fait la guerre avec succès aux Saxons et aux Bavarois, il fut appelé par le pape à la défense du patrimoine de Saint-Pierre; il franchit deux fois les Alpes, vainquit Astolphe, roi des Lombards, et s'empara de l'exarchat de Ravenne, qu'il donna au pape. Enfin il fit une guerre d'extermination à Waïfre, duc d'Aquitaine, indomptable ennemi des Francs, et mourut en 768, après avoir régné près de dix-sept ans. Son règne semble avoir été destiné à préparer celui de Charlemagne. Il attaqua et battit successivement tous les ennemis que son fils devait soumettre, et lui traça d'avance le chemin de ses conquêtes.

768—A la mort de Pépin, CHARLEMAGNE et CARLOMAN, ses deux fils, lui succédèrent. L'ambition ne tarda pas à les diviser ; mais bientôt la mort de Carloman laissa Charlemagne tranquille possesseur d'un trône sur lequel il n'y avait de place que pour lui seul. Ce prince éleva la France au plus haut point de gloire et de puissance où elle fût encore parvenue, et mérita le surnom de *Grand*, que la postérité a joint à son nom en l'appelant Charlemagne. Il fit cinquante ans la guerre contre les Barbares, et toujours victorieux sur ses immenses frontières, il gouverna en père son vaste empire, composé de la France, de la Belgique, des Pays-Bas, d'une grande partie de l'Allemagne, de presque toute l'Italie et de l'Espagne jusqu'à l'Ebre. Son séjour ordinaire était Aix-la-Chapelle.

Les Saxons résistèrent longtemps à sa puissance, et ce ne fut qu'après une guerre d'extermination, dans laquelle six mille prisonniers passèrent par les armes et où la plupart des hommes valides furent arrachés au sol natal, que le reste de ce peuple belliqueux subit en frémissant le joug de l'impitoyable vainqueur. Witikind, leur chef, découragé par tant de défaites et gagné par les bienfaits, devint dès lors l'allié fidèle du bourreau de ses concitoyens. Mais ni les travaux guerriers ni ceux de l'administration n'absorbaient le vaste génie de Charlemagne. Au milieu d'un siècle barbare, ce prince aima les lettres, et mit tout en œuvre pour les faire refleurir. Une école publique fut ouverte dans son palais même. Alcuin y enseignait, et Charlemagne descendait quelquefois de son trône pour se mettre au rang des disciples de ce savant maître.

La couronne impériale fut le prix de tant de glorieux travaux et des services qu'il avait rendus au souverain pontife. Étant allé à Rome, et se trouvant dans la basilique de Saint-Pierre le jour de Noël, l'an 800, le pape Léon III s'avança vers lui et posa sur sa tête la couronne impériale : Charlemagne feignit d'abord de refuser ce titre d'empereur et cette nouvelle couronne ; mais enfin il parut céder aux instances du pape, et se montra d'ailleurs digne du haut rang où il était élevé.

Quelques années après, il termina sa longue et glorieuse carrière, dont les derniers jours furent cependant attristés par le pressentiment des maux qui allaient fondre sur la France.

814—Louis Ier ne porta pas sur le trône les qualités héroïques de son père. S'il se fit bénir à son avénement en permettant aux Saxons que Charlemagne avait exilés de retourner dans leur patrie, il ne tarda pas à montrer que la faiblesse d'un monarque est plus à redouter pour un peuple que la cruauté. Malgré les suites désastreuses qu'avait eues le partage du royaume sous la première race, il se hâta d'associer à l'empire Lothaire, son fils aîné, de donner l'Aquitaine à Pépin, et la Bavière à Louis. Bernard, fils et successeur de Pépin, roi d'Italie, mécontent de ces dispositions, protesta les armes à la main contre ce partage. Mais l'empereur le défit, lui fit crever les yeux et ordonna le massacre de tous ses partisans.

Peu de temps après le partage de l'empire, Louis eut de Judith, sa seconde femme, un quatrième fils, nommé Charles. Il crut devoir lui former un royaume avec une partie des États que possédaient déjà ses autres fils. Mais aussitôt Lothaire, Pépin et Louis se liguèrent contre leur père, qui, vaincu, détrôné, fut fait prisonnier et enfermé dans une abbaye, après une dégradation publique. Rappelé encore sur le trône, et forcé de combattre jusqu'à son dernier jour tantôt l'un, tantôt l'autre de ses fils, il mourut de chagrin en 840.

840—CHARLES I, DIT LE CHAUVE.— Les fils de Louis Ier, après avoir combattu et détrôné leur père, se firent entre eux une guerre cruelle. Charles, qui avait hérité de la couronne de France, et Louis, roi de Bavière, s'unirent contre Lothaire, et gagnèrent la sanglante bataille de *Fontenay,* qui coûta la vie à cent mille hommes. Charles aurait pu tirer un grand avantage de sa victoire; mais les Normands allaient l'occuper d'un autre côté. Ces peuples guerriers avaient déjà dévasté plusieurs provinces sous Louis-le-Débonnaire. Profitant des troubles de l'État, ils débarquèrent de nouveau sur les côtes de France, prirent Nantes, Tours, Orléans, Rouen, et mirent le siége devant Paris. Charles, qui avait montré quelque valeur en combattant contre ses frères, acheta la retraite des pirates à prix d'or au lieu de les repousser par le fer. Malgré tant d'impéritie et de vicissitudes, Charles ambitionna encore de placer sur sa tête une couronne plus pesante, celle de l'empire, que la mort de Louis laissait vacante, et il venait de l'obtenir quand il mourut, empoisonné, dit-on, par son médecin.

877 — Louis II, dit LE BÈGUE porta en vain le titre d'empereur. Il n'occupa le trône que deux années.

Ce fut un prince prodigue, sans énergie ; sa faiblesse enhardit les grands, et sous son règne l'État fut dans une agitation continuelle. Il mourut en 879, laissant deux fils qui montèrent ensemble sur le trône.

879 — Louis III et CARLOMAN. — Ces deux princes offrirent sur le trône le rare exemple de l'amitié fraternelle. Ils s'appliquèrent à maintenir la paix dans l'intérieur du royaume, et à réparer les maux qu'il avait soufferts pendant tant d'années. Ils unirent leurs armes contre les Barbares du nord, qui recommençaient sans cesse leurs invasions, et ils battirent, dans la plaine de Raucourt, près d'Amiens, le redoutable Boson, qui s'était rendu maître de plusieurs provinces du midi de la France.

Cet heureux gouvernement dura à peine quelques années. Louis, renversé par un cheval fougueux, mourut des suites de sa blessure, et Carloman fut tué deux ans après par un chasseur imprudent.

884 — CHARLES II, dit LE GROS, déjà maître de l'Allemagne et de l'Italie, fut proclamé roi de France au préjudice de Charles-le-Simple, fils de Louis-le-Bègue, que son jeune âge fit éloigner du trône. On ne pouvait faire un plus mauvais choix. Maître de tant de provinces, il ne put les défendre contre les ennemis. Boson obtint du faible monarque de régner à Arles, sur la Provence, le Dauphiné et la Franche-Comté.

Les Normands vinrent de nouveau ravager la France. La ville de Paris, assiégée par eux pour la troisième fois, leur opposa durant deux années et sous la conduite du vaillant Eudes, comte de Paris, une héroïque résistance. Charles acheta la paix à des conditions déshonorantes, et s'attira par cette lâcheté le mépris du peuple et l'abandon de l'armée. Peu après il fut déposé de la dignité impériale, qui désormais ne fut plus réunie à la couronne de France. Charles mourut un an après. La déposition de ce prince fut le signal du démembrement définitif de l'empire carlovingien, dont les débris formèrent sept royaumes.

888 — Eudes. — Le trône appartenait à Charles-le-Simple, mais il n'avait encore que huit ans, et les circonstances étaient trop critiques pour permettre de confier le sceptre aux mains d'un enfant. La valeur du comte Eudes et les services qu'il avait rendus lui gagnèrent les suffrages : il fut proclamé roi à l'Assemblée de Compiègne, et fut sacré par l'évêque de Sens.

Eudes se hâta de tourner ses armes contre les Normands que ses prédécesseurs avaient si lâchement ménagés, et il devint en peu de temps la terreur de ces Barbares.

Cependant les seigneurs du parti de Charles entreprirent de le placer sur le trône. Ils s'emparèrent de la Neustrie et de quelques autres provinces. Eudes, ayant traité avec les Normands, attaqua son compétiteur et le défit; mais voulant éviter les malheurs d'une guerre civile, il se contenta d'avoir prouvé qu'il était en état de conserver le trône, et céda à Charles une partie de ses États. Eudes mourut peu après avec la gloire d'être arrivé au trône sans intrigues, de l'avoir vaillamment défendu, et enfin partagé pour épargner le sang du peuple.

898 — Charles III, dit le Simple, devint enfin possesseur de la couronne. Ce prince ne manquait pas de courage, mais il n'avait ni énergie ni prudence, et n'était pas assez habile pour déjouer les intrigues des seigneurs, ennemis acharnés du pouvoir royal.

Charles avait au reste à lutter contre un terrible adversaire. Rollon, déjà deux fois vainqueur de l'Angleterre, s'empara de Rouen, et de là menaçait d'envahir la France entière. Le roi de France, ne pouvant le vaincre, chercha à le désarmer en lui offrant sa fille Gisèle en mariage, avec la Neustrie pour dot, à condition qu'il ferait hommage au roi de France de ce duché.

Rollon accepta, et se contenta de remercier Charles. Comme on lui fit remarquer que l'usage demandait qu'il mit un genoux en terre et baisât les pieds du monarque, il répondit qu'il n'en ferait rien. Cependant un de ses officiers le remplaça dans ce cérémonial, et prit le pied du roi pour le baiser ; mais il l'éleva si haut et si brusquement que Charles tomba à la renverse. On rit de cette insolence qu'on n'osait punir.

Charles, jouet tour à tour des ministres qui le gouvernaient et des seigneurs qui se disputaient les restes de l'autorité royale, fut enfin trahi par eux : défait dans un combat par Hugues, il fut enfermé au château de Péronne, où il mourut après sept ans de captivité.

Charles-le-Simple n'avait qu'un fils encore en bas âge : la reine, sa mère, dans l'impossibilité de faire valoir ses droits au trône, l'emmena en Angleterre, d'où lui est venu, à son retour en France, le surnom d'*Outremer*.

923—RAOUL.—Charles-le-Simple vivait encore prisonnier à Péronne et déjà plusieurs concurrents se disputaient la couronne. Raoul, duc de Bourgogne, l'emporta sur ses compétiteurs ; mais pour se maintenir sur le trône il flatta les grands, leur fit de nouvelles concessions, de sorte que le domaine de la couronne se trouva réduit à la ville et au comté de Laon. Cependant la fermeté qu'il déploya en diverses circonstances prouva qu'à une époque plus favorable il aurait pu régner avec gloire. Il battit les Normands et repoussa les hordes barbares des Hongrois, qui menaçaient d'envahir la France. Raoul mourut sans laisser de postérité.

936—LOUIS IV, DIT D'OUTREMER. — Il y eut alors un interrègne de quelques mois pendant lequel Hugues-le-Grand gouverna le royaume. Ce seigneur, duc de France et de Neustrie, comte de Paris et de Soissons, était plus que jamais l'arbitre du trône. Il renonça pour le moment à y monter en faveur de Louis IV, ne craignant pas de voir son autorité menacée par un roi de seize ans.

A peine monté sur le trône, le jeune roi s'allia avec l'empereur Othon Ier, le prince le plus puissant de son siècle. Cette alliance fit ombrage au duc de France, qui se lia à son tour avec le duc de Normandie. Louis marcha contre les Normands, fut vaincu, fait prisonnier et enfermé dans la tour de Rouen. L'empereur d'Allemagne vint au secours de Louis, s'avança avec son armée jusque sous les murs de Rouen, et Hugues fut contraint de remettre le roi en liberté; mais il avait exigé de lui l'abandon de la ville de Laon, la seule qui appartînt encore au roi de France.

Il mourut bientôt après d'une chute de cheval.

954—LOTHAIRE.—Louis-d'Outremer avait eu la précaution d'associer Lothaire, son fils, à la couronne trois ans avant sa mort. Hugues-le-Grand, qui sous le dernier roi avait été le véritable monarque, l'aida à s'affermir sur le trône de ses pères. Il reçut en récompense les duchés de Bourgogne et d'Aquitaine, et dès lors fut le souverain réel de toute la France. Il ne jouit pas longtemps de son autorité suprême. Il mourut au bout de deux ans, laissant deux fils, dont l'aîné, *Hugues Capet*, devait *régner sur la France*. Lothaire mourut empoisonné, dit-on, par Emma, sa femme.

986—Louis V succéda à Lothaire dont il était fils. Ce prince ne régna qu'un an. Il mourut aussi empoisonné par sa femme, Blanche, fille d'un seigneur d'Aquitaine. La valeur qu'il montra au siége de Reims prouve qu'il n'aurait pas mérité le surnom de Fainéant s'il avait eu les occasions de s'illustrer par ses actions et ses entreprises. Avec Louis V finit la *race des Carlovingiens*.

CAPÉTIENS.

987—HUGUES-CAPET.—Les progrès de la féodalité, l'anéantissement du domaine de la couronne, sans lequel le nom de roi n'était qu'un vain titre, car à cette époque les peuples conquis étaient seuls assujettis aux impôts, amenèrent la chute d'une dynastie dont la fin obscure répond si peu à sa brillante origine.

A la mort de Louis V, la couronne appartenait à Charles, fils de Louis d'Outremer. Il prit les armes pour soutenir ses droits; mais il fut vaincu par Hugues-Capet, fait prisonnier, et mourut peu de temps après dans une prison à Orléans. Pour s'attacher les grands, l'heureux usurpateur leur laissa à perpétuité les gouvernements qu'ils avaient usurpés: ainsi la puissance féodale ne fit que s'augmenter. D'un autre côté, pour se fortifier contre les seigneurs, il enrichit le clergé, qui lui décerna le titre de *Défenseur de l'Eglise*. Hugues mourut à Paris, où les rois de France avaient cessé d'habiter depuis plus de deux cents ans. Pour fixer la couronne dans sa maison, il s'était associé son fils Robert dès les premières années de son règne, et l'avait fait couronner à Orléans.

996—ROBERT-LE-PIEUX.—Comme nous l'avons vu, Robert avait été couronné d'avance, et il fut reconnu roi sans opposition; mais son règne fut troublé par des chagrins domestiques. Ce prince ayant épousé Berthe, sa parente, le pape Grégoire V déclara nul ce mariage, et lança contre lui l'excommunication. C'est la première qui ait été lancée en France: elle est un exemple frappant de l'accroissement de la puissance papale.

Cet anathème produisit un effet extraordinaire sur tous les esprits: on cessa l'office divin, les statues des saints furent couvertes en signe de deuil, tous les courtisans s'éloignèrent du roi; il ne lui resta que deux domestiques, et encore faisaient-ils passer par le feu les plats dont le prince s'était servi.

Robert céda enfin, et se sépara de cette princesse. Il épousa, peu à près, Constance, fille du duc d'Arles. Cette femme, altière, corrompue, se fit un jeu de la bonté du roi, et le rendit malheureux jusqu'à la fin de sa vie; le scandale de ses mœurs dépravées perdit la cour de France, et l'on doit lui reprocher d'avoir, la première, ordonné contre les hérétiques ces supplices si opposés à l'esprit du christianisme. Robert ne rechercha point la gloire des conquêtes : il fit mieux, il s'appliqua à rendre ses peuples heureux. Il mourut, universellement regretté, après un règne de 35 ans.

1031—Henri Ier monta sur le trône malgré les efforts de la reine Constance, qui voulait y placer Robert, son troisième fils. Les deux princes en vinrent aux mains. Henri, vainqueur de son frère, lui céda le duché de Bourgogne.

Le règne de Henri Ier fut tristement signalé par d'épouvantables fléaux. Toute la Bourgogne et les provinces voisines furent en proie à la plus affreuse famine qui ait désolé la France. Après avoir consumé l'herbe des prairies, les gens du peuple se nourrirent de cadavres ; les hommes se faisaient la chasse les uns aux autres, non plus pour se piller mais pour se dévorer.

Au milieu de ces calamités publiques, l'anarchie était venue à son comble. Les seigneurs profitaient de la désolation universelle pour piller les campagnes, leurs vassaux les imitaient, et l'on en vint au point de regarder comme un bienfait la déclaration de la *trêve de Dieu*, par laquelle il fut convenu que, depuis le mercredi au soir jusqu'au lundi matin, on ne pourrait ni tuer, ni voler, ni se venger d'aucune injure : cette loi, loin de réprimer le brigandage, semblait en quelque sorte le régulariser.

C'est sous le règne de ce prince que commença l'usage des *tournois* : jeux où la noblesse seule était admise, et où elle se ruinait pour y paraître avec éclat.

Henri 1er avait épousé la princesse Anne de Russie : il en eut un fils qui lui succéda en 1060.

1060—Philippe Ier n'avait que huit ans à la mort de son père : la régence fut confiée au comte Baudouin, comte de Flandre, mission qu'il remplit avec zèle et prudence, quoiqu'on doive lui reprocher d'avoir favorisé les prétentions ambitieuses de Guillaume, duc de Normandie. Ce vassal du roi de France, appelé depuis *Guillaume-le-Conquérant*, s'était emparé de l'Angleterre après avoir vaincu à *Hastings* le roi Harold. Philippe ne l'avait point troublé dans sa conquête ; mais effrayé de cet accroissement de puissance, il soutint, dix ans après, contre lui la révolte de Robert, son fils aîné. Cette première guerre fut bientôt terminée. Une plaisanterie indigne de l'histoire la ralluma. Le roi d'Angleterre entra en campagne; assiégea Mantes et la brûla. Il était aux portes de Paris quand il mourut emporté par une maladie de quelques jours.

Cependant Philippe, s'abandonnant à une vie scandaleuse, devint étranger aux affaires du gouvernement. Il répudia Berthe pour épouser Bertrade, femme du comte d'Anjou. Urbain II lança contre lui l'excommunication. Le roi, effrayé, pressentit qu'elle allait servir de prétexte à la révolte ; il reconnut ses torts, et répara avant sa mort les scandales de sa vie.

La fin du onzième siècle fut marquée par la première croisade. On donna le nom de *croisades* à ces expéditions qui devaient pendant deux cents ans entraîner vers la terre sainte les plus grands rois et les plus braves chevaliers. Un pèlerin, nommé Pierre-l'Ermite, alla visiter Jérusalem : à son retour, il peignit sous de si sombres couleurs la profanation des lieux saints et l'esclavage des chrétiens d'Asie qu'il enflamma les cœurs d'un zèle ardent pour la délivrance de la Palestine. A ces récits et à la voix du pape Urbain, les barons et les chevaliers français, anglais, allemands, italiens, jurèrent d'aller délivrer la terre sainte, et prirent pour marque de cet engagement une croix rouge, d'où leur vient le nom de *croisés*. Les croisés prirent différentes routes pour se rendre à Constantinople, où l'on était convenu de se rassembler ; mais il en périt un grand nombre de misère en route ; d'autres furent massacrés par les habitants des pays qu'ils traversaient, et qui ne pouvaient tolérer leurs brigandages. Cependant, de treize cent mille qui étaient partis, soixante-dix mille environ parvinrent à se réunir sous les murs de Constantinople, passèrent en Orient, conquirent la Palestine, et proclamèrent roi Godefroy de Bouillon.

Philippe ne prit point part à la croisade, et mourut à Melun après un règne de quarante-huit ans.

1108—Les premières années du règne de Louis VI, dit le Gros, furent employées à lutter contre les grands vassaux dont les domaines entouraient le sien et l'emprisonnaient en quelque sorte dans Paris. Il eût peut-être succombé à la tâche s'il n'eût pas compris que la royauté ne pouvait résister à la féodalité qu'en s'appuyant sur les communes. En conséquence, il confirma à plusieurs villes et vendit à d'autres des *chartes franchises*, qui consistaient à se choisir librement des magistrats, à régler elles-mêmes leurs intérêts civils et communaux, et à lever des milices pour leur propre défense. Cette liberté nouvelle ou ratifiée donna à l'industrie un essor nouveau et répandit dans les villes une aisance jusqu'alors inconnue.

Pendant que Louis était occupé à réduire ses vassaux, l'empereur Henri V, excité par le roi d'Angleterre, entra en France avec une puissante armée. On put voir alors que si la royauté était faible à l'intérieur, elle était forte quand il s'agissait de repousser l'étranger.

Louis-le-Gros, avant de mourir, dit à son fils : « Souvenez-vous que la royauté n'est qu'une charge publique dont vous rendrez compte après votre mort. »

1137—Louis VII, dit le Jeune, hérita de la valeur mais non de la sagesse de son père. Irrité contre Thibaut, comte de Champagne, il saccage cette province, prend Vitry et fait mettre le feu à l'église. Quinze cents personnes qui s'y étaient réfugiées périrent dans les flammes.

Croyant expier ce crime, il prit la croix pour aller secourir Jérusalem près de retomber aux mains des musulmans; mais cette expédition fut conduite avec tant d'imprudence que toute l'armée y périt, et que le roi put à peine échapper à la mort ou à la captivité.

Alors il revint dans ses Etats, qu'il trouva florissants, grâce à la sagesse de Suger, qu'il avait nommé régent du royaume pour le temps de la croisade.

Quelque temps après, Louis, irrité contre sa femme Eléonore d'Aquitaine, répudia cette princesse sous prétexte de parenté, et lui restitua sa dot, c'est-à-dire la Guienne, le Poitou, le Limousin, le Périgord, la Saintonge, l'Aunis et l'Angoumois. Une telle faute fut la source de bien des malheurs : car Eléonore donna ces provinces avec sa main à Henri Plantagenet, duc de Normandie, et déjà possesseur de l'Anjou, du Perche, du Maine et de la Touraine. Ce vassal devint ainsi plus puissant que son suzerain, et ayant été appelé à la couronne d'Angleterre, il fut l'ennemi le plus dangereux de la France. Louis-le-Jeune mourut après un règne de quarante-trois ans, pendant lequel l'état politique de la nation continua à s'améliorer.

1180—PHILIPPE II, surnommé Auguste, était âgé de quinze ans lorsqu'il succéda à Louis-le-Jeune, son père. Le premier acte de son gouvernement fut de chasser les Juifs, dont il confisqua les biens, qu'il rappela ensuite, mais auxquels il ne restitua rien.

La prise de Jérusalem, qui retomba aux mains des musulmans, commandés par l'héroïque Saladin, vingt-huit ans après la conquête de Godefroy de Bouillon, engagea Philippe-Auguste et Richard Cœur-de-Lion, roi d'Angleterre, à passer en Orient pour secourir les chrétiens. La ville d'Acre fut prise par les croisés ; mais on n'assiégea pas même Jérusalem. La discorde ayant éclaté entre Richard et Philippe, ce dernier, las d'une guerre infructueuse où son brillant rival occupait le premier rang, revint en France, affaibli par une violente maladie.

Philippe ne prit point part à la troisième croisade, qui eut pour résultat le siége et la prise de Constantinople, et l'élévation de Baudouin à l'*empire des Latins*, empire qui ne dura que 58 ans. Philippe faisait alors la guerre aux Anglais. Richard Cœur-de-Lion n'existait plus. Jean-sans-Terre était monté sur le trône et ne cessait de soulever contre la France les puissances voisines. De son côté, Philippe convoitait les Etats de son rival, et il allait envahir l'Angleterre quand une coalition redoutable l'arrêta tout à coup. L'empereur Othon IV, Ferrand, comte de Flandre, et plusieurs autres princes, entrèrent en France à la tête de cent cinquante mille hommes. Philippe marcha à leur rencontre. Les armées se rencontrèrent au pont de *Bouvines*, entre Lille et Tournay, et la victoire longtemps disputée resta aux Français.

Malgré la gloire du règne de Philippe-Auguste, on doit lui reprocher d'avoir envoyé deux fois son fils à la croisade qui fut prêchée contre les Albigeois, où un grand nombre de victimes furent égorgées de sang-froid au nom d'une religion de mansuétude et de fraternité.

Philippe-Auguste mourut après un règne de quarante-trois ans. Ce prince consacra les loisirs de la paix à embellir Paris, qu'il fit paver et entourer de murs. Il commença le Louvre et fit bâtir les Halles, etc.

1223—Louis VIII, fils de Philippe-Auguste, après avoir combattu avec succès contre les Anglais, se laissa entraîner à reprendre la guerre contre les Albigeois : cette guerre fut accompagnée des mêmes horreurs que sous le règne précédent. La mort l'arrêta au milieu de ses déplorables succès : une maladie contagieuse qui avait fait périr une partie de son armée l'emporta lui-même après un règne de trois ans.

1226—Louis IX (saint louis). A peine âgé de douze ans, Louis IX succéda à son père, sous la tutelle de sa mère, Blanche de Castille. Cette princesse gouverna l'État avec autant d'habileté que de sagesse. Louis, parvenu à la majorité, continua l'œuvre que sa mère avait si bien commencée. Plusieurs vassaux, soutenus par le roi d'Angleterre, firent une nouvelle tentative contre la France. Le roi prit aussitôt les armes, et gagna sur les Anglais et sur les rebelles la bataille de *Taillebourg*, en Poitou. Deux ans après, étant dangereusement malade, il fit vœu de partir pour la terre sainte, malgré l'opposition de sa mère qui tenta vainement de le détourner de cette funeste entreprise. La reine Blanche fut déclarée régente en l'absence de son fils, qui dirigea la sixième croisade. La quatrième et la cinquième croisades avaient déjà eu l'Egypte pour champ de bataille. Saint Louis dirigea de même sa route vers ce point. Il s'embarqua à Aigues-Mortes avec ses trois frères.

Lorsque la flotte arriva aux bouches du Nil, l'armée des Sarrasins couvrait la campagne. Le roi se jeta le premier à la nage, chargea les ennemis, se rendit maître de la côte, poursuivit les fuyards jusqu'à Damiette, et s'empara de cette place importante. Il fit ensuite des prodiges de valeur à la bataille de la *Massoure*; mais bientôt la disette fit périr un grand nombre de soldats, la peste se mit dans le camp, le roi lui-même fut atteint de la contagion. Il fallut songer à la retraite : elle était devenue impossible au milieu d'un pays dont tous les ennemis occupaient les passages, et le roi, fait prisonnier avec ses deux frères, n'obtint sa liberté qu'en rendant la ville de Damiette, et en payant quatre cent mille livres pour la rançon de ses compagnons.

Revenu en France après la mort de la régente, le roi s'appliqua à faire fleurir la justice et à réparer le désordre des finances causé par son imprudente expédition. Il mit en honneur les lois romaines introduites en France à cette époque, et tenta en même temps de mettre fin aux guerres privées en proscrivant les combats judiciaires.

La France jouissait enfin de quelque repos, quand Louis entreprit la septième croisade. L'armée des croisés débarqua en Afrique, et se dirigea vers Tunis, où bientôt elle fut décimée par la disette et la peste. Le roi, atteint lui-même du fléau, mourut après vingt-deux jours de cruelles souffrances.

Cette croisade fut heureusement la dernière. Ces expéditions avaient épuisé l'Europe d'argent, et lui coûtèrent deux millions d'hommes. Au milieu des maux dont elles furent la source pour ceux qui les entreprirent, il est juste de convenir qu'elles amenèrent quelques heureux résultats pour la société en général : comme après l'incendie d'une grande ville, les maisons se relèvent plus belles et les rues mieux alignées.

1270—PHILIPPE III, fils et successeur de saint Louis, fut surnommé *le Hardi* à cause du courage qu'il avait fait éclater au siége de Tunis. Ayant remporté sur ses ennemis une victoire signalée, il se retira après avoir conclu une trêve de dix ans, qui ne fut jamais rompue. Ce prince ramenait avec lui cinq cercueils, ceux de son père, de son frère, de son beau-frère, de sa femme et de son fils.

L'événement le plus remarquable arrivé sous ce règne est le trop fameux massacre des *Vêpres siciliennes.*

Charles d'Anjou, frère de saint Louis, avait été investi du royaume de Naples et de Sicile par le pape Urbin IV; mais les injustices, la cruauté et la mauvaise conduite de ce prince et de la plupart de ceux qui l'avaient suivi, les firent détester par les habitants, qui résolurent de renverser la domination des Français en les mettant tous à mort.

Une conspiration dont Jean de Procida fut le chef s'organisa en secret; elle éclata le 30 mars, le lundi de Pâques de l'année 1282, au son de la cloche qui appelait les fidèles aux vêpres. Le carnage commença à Palerme, et se communiqua de ville en ville avec une étonnante rapidité. Jamais la vengeance ne se signala avec tant de barbarie : peu de Français échappèrent au massacre général. Philippe, pour venger ses compatriotes, marcha contre Pierre d'Aragon, devenu maître de la Sicile; mais il obtint peu de succès dans cette entreprise, et mourut peu après avec la réputation d'un prince vaillant, mais sans talents politiques.

1285—Philippe IV, dit le Bel, fils de Philippe III, était déjà roi de Navarre par son mariage avec Jeanne, lorsqu'il fut proclamé roi de France.

La guerre ayant éclaté avec le comte de Flandre, celui-ci fut vaincu, jeté dans les fers, et son pays soumis à la domination de Philippe. Mais la tyrannie des lieutenants du roi ne tarda pas à exciter une révolte : les corporations des métiers prirent les armes, massacrèrent tous les Français, et la Flandre recouvra son indépendance. Le comte d'Artois, chargé de punir cette révolte, entra en Flandre plein d'un présomptueux mépris pour l'armée d'ouvriers et de bourgeois qu'il avait à combattre, et ne prit aucune précaution pour s'assurer la victoire. Les Flamands taillèrent son armée en pièces près de *Courtray*. Le roi se mit alors à la tête de l'armée, et gagna la bataille de *Mons-en-Puelle*, qui assura à la couronne une partie de la Flandre.

Pendant cette guerre, de graves démêlés avaient éclaté entre la France et le pape Boniface VIII, qui, reprenant le langage et les prétentions de Grégoire VII, avait voulu imposer sa médiation aux rois d'Angleterre et de France, et menaçait le roi de jeter l'interdit sur le royaume s'il continuait de lever un impôt sur le clergé et s'il ne rendait pas la liberté au comte de Flandre. Philippe opposa au pontife une fermeté inébranlable, et après s'être assuré du concours de la nation par la convocation des *Etats-Généraux*, il fit saisir le pape lui-même à Agnani. La mort du pontife, qui arriva quelques jours après, termina ces divisions.

L'abolition de l'ordre des *Templiers* fut un des plus grands événements de ce règne. Cet ordre militaire, établi à Jérusalem pour la défense des saints lieux, s'était retiré en Europe depuis que la Palestine était retombée au pouvoir des Sarrasins. Il possédait d'immenses richesses, et ces richesses excitèrent les avides désirs de Philippe, dont les finances étaient obérées, et à qui d'ailleurs la puissance des Templiers faisait ombrage. On les accusa des crimes les plus horribles, et le roi les mit en jugement. La violence des tortures arracha à plusieurs d'entre eux des aveux qu'ils rétractèrent ensuite. En 1310, cinquante-six chevaliers furent brûlés à petit feu : deux ans après, une bulle publiée par Clément V, de concert avec le roi, abolit l'ordre des Templiers. Enfin, en 1314, le grand-maître, Jacques Molay, et les principaux dignitaires de l'ordre périrent sur un bûcher, dans une des îles de la Seine, à Paris.

Peu après cet assassinat juridique, Philippe-le-Bel mourut à Fontainebleau d'une chute de cheval. Il mérita d'être regardé par ses sujets comme un prince avide et cruel. Il accabla le peuple d'impôts, et mit le désordre dans les finances par l'altération des monnaies, qui lui valut le surnom de *faux monnayeur*.

Philippe-le-Bel laissait trois fils, qui montèrent successivement sur le trône.

1314—Louis X, surnommé *le Hutin*, régna le premier. Son règne offre peu d'événements remarquables.

Charles de Valois, oncle du jeune roi, abusa de son autorité pour faire pendre au gibet de Montfaucon Enguerrand de Marigny, à qui l'on attribuait injustement l'altération des monnaies et tous les malheurs de l'État.

Sous Louis-le-Gros, on a vu les habitants des villes autorisés à racheter leur liberté; Louis-le-Hutin offrit le même avantage aux habitants des campagnes; il leur ordonna même d'en profiter; mais tels étaient la misère des serfs, qu'on en vit un très-petit nombre réclamer leur affranchissement. Ils aimaient mieux rester esclaves que de mourir de faim.

Louis fit la guerre aux Flamands sans succès, augmenta les impôts, et mourut après un règne de deux ans, laissant sa femme enceinte; mais l'enfant ne vécut que huit jours, et la couronne passa à Philippe dit le Long.

1316—Philippe V, second fils de Philippe-le-Bel, fut surnommé *le Long*, à cause de la grandeur de sa taille. Quelques seigneurs voulaient donner la couronne à Jeanne, fille de Louis X; mais Philippe, qui s'était fait sacrer à Reims, fut reconnu par les *États*, qui déclarèrent les femmes exclues de la couronne, en vertu de la loi salique, quoiqu'elle ne décidât réellement rien sur ce point; et Philippe, par sa modération et sa prudence, s'affermit aisément sur le trône. Il donna tous ses soins à la réforme des abus. Les affranchissements, favorisés par lui, devinrent plus nombreux, et il s'occupait d'établir l'uniformité des poids et mesures, quand la mort l'empêcha d'accomplir cet utile projet.

1321—Charles IV, dit le Bel, troisième fils de Philippe-le-Bel, succéda à Philippe V son frère, qui n'avait laissé que des filles. Pendant toute la durée de son règne il fit jouir son peuple des bienfaits de la paix, qui fut à peine troublée par quelques hostilités avec les Anglais, sur la frontière de la Guyenne. Il voulut faire valoir, avec l'appui du pape Jean XII, quelques prétentions à la couronne impériale ; mais la mort arrêta l'exécution d'un projet qui n'aurait pu avoir pour la France que des résultats funestes. Charles ne laissait que des filles ; en lui s'éteignit la branche aînée des *Capétiens*.

1328—Philippe VI, le premier roi de la branche des Valois, était fils de Charles, comte de Valois, frère de Philippe-le-Bel.

Le premier acte de Philippe VI fut de marcher contre les Flamands, qui s'étaient soulevés pour la défense de leurs libertés, menacées par la tyrannie de leur comte. Après des prodiges de valeur, les Flamands furent vaincus et perdirent treize mille hommes dans cette sanglante journée.

Peu d'années après, Édouard III, roi d'Angleterre, qui n'avait pas renoncé à ses prétentions sur la France, excité par le brasseur Artevelle, chef des Flamands révoltés de nouveau contre leur comte, prit le titre de roi de France, descendit en Flandre à la tête d'une armée, et la guerre recommença avec une nouvelle fureur.

Les Français furent vaincus au combat naval de l'*Ecluse* ; mais l'armée anglaise fut battue près de Saint-Omer, et Edouard obligé de quitter la France.

Deux ans s'étaient à peine écoulés qu'Edouard débarqua en Normandie à la tête d'une armée formidable. Philippe se hâta d'aller au-devant de lui, et l'atteignit près de *Crécy*, sur les bords de la Somme. Les Français, épuisés déjà par des marches forcées, s'avancèrent pour attaquer l'ennemi sur la colline même où il s'était retranché ; mais, déconcertés par les ravages de l'artillerie, dont les Anglais se servirent pour la première fois dans cette bataille, ils se replièrent les uns sur les autres, et il y eut bientôt dans toute l'armée un désordre complet, qui fut suivi d'une défaite sans exemple.

Le roi d'Angleterre, profitant de son avantage, alla assiéger Calais. Après onze mois de siége, les habitants, réduits à l'extrémité, furent obligés de capituler. Edouard prit possession de cette ville, qui, devenue colonie anglaise, ouvrit pendant deux cents ans la France aux armées étrangères.

Aux calamités de la guerre se joignit une horrible famine, et pour comble de maux, la peste, qui avait fait le tour du monde, vint enlever en France le quart de la population. Mais tels étaient les malheurs de ces temps qu'on ne doit déplorer le sort que de ceux qui survivaient. Philippe, consumé de chagrin, mourut en emportant l'animadversion du peuple qu'il avait accablé de nouveaux impôts.

1350—Jean-le-Bon, fils de Philippe, lui succéda; son règne fut aussi malheureux pour la France que celui de son prédécesseur.

Cependant Charles-le-Mauvais, roi de Navarre, irrité de ce qu'on lui refusait le comté d'Angoulême pour la dot de la fille du roi Jean, qu'il avait épousée, conspira ouvertement contre la famille royale. Le roi le surprit à Rouen, et le fit enfermer dans la tour du Louvre. Plusieurs seigneurs, complices de Charles, furent également arrêtés et décapités sans aucunes formes légales.

Edouard III, toujours disposé à faire valoir ses droits sur la France, profita de la détention de Charles et du mécontentement de ses amis pour envoyer à la tête d'une armée son fils, le *Prince Noir*, ainsi surnommé de la couleur de son armure.

Jean, pris au dépourvu, convoqua les États-Généraux, qui votèrent des subsides pour faire la guerre, mais qui cherchèrent à limiter le pouvoir royal. A la tête d'une armée de quatre-vingt mille homme, il marcha contre le Prince Noir, le surprit à Montpertuis, près de Poitiers. Les Anglais, ébranlés par le premier choc, se rallièrent promptement, tombèrent sur les Français et les culbutèrent. Le roi fut blessé, pris et conduit au camp ennemi, et de là à Londres, où Edouard le retint plusieurs années en captivité. Le dauphin fut proclamé lieutenant général du royaume. Il conclut avec les Anglais une trêve qui délivra le pays de l'étranger sans mettre fin à la guerre intérieure. La capitale était en proie aux émeutes populaires. Etienne Marcel, prévôt des marchands, uni à l'évêque de Laon et à Charles-le-Mauvais, dirige les fureurs du peuple, fait massacrer les maréchaux de Normandie et de Champagne sous les yeux du dauphin, qu'il force à prendre un chaperon rouge et bleu, marque distinctive des factieux. Le dauphin quitte Paris, rassemble quelques sujets fidèles et se trouve prêt à revendiquer ses droits. Charles-le-Mauvais est chassé de la capitale, Marcel est tué par l'échevin Maillard, le dauphin publie une amnistie et rentre à Paris.

Dans le même temps, la Picardie est désolée par la *Jacquerie*, insurrection formidable des paysans affamés, que les nobles appelaient par dérision *Jacques Bonhomme*. Ils s'organisaient en bandes, brûlant les châteaux, et portant dans tout le nord le meurtre et le pillage : il fallut les exterminer. Dans les autres provinces, les routes étaient infestées par les déserteurs des armées, réunis en bandes, que l'on désignait sous le nom de *Grandes compagnies*, de *Malandrins* ou de *Routiers*.

Le traité de *Brétigny* rendit la liberté à Jean-le-Bon. Le roi, revenu en France, compta six cent mille écus d'or pour le premier paiement de sa rançon ; mais la détresse était générale, les terres étaient incultes; puis la famine et la peste ayant fait de terribles ravages pendant trois années, il lui fut impossible de payer le reste. Le roi retourna se constituer prisonnier à Londres, où il mourut peu de mois après.

1364—CHARLES V, fils de Jean-le-Bon, répara en peu de temps les pertes de l'Etat, et remédia, par une prudence qui lui mérita le surnom de *Sage*, à une partie des maux que les règnes précédents avaient causés.

La guerre avec les Anglais s'étant rallumée, Bertrand Duguesclin, gentilhomme breton, fut chargé de les combattre, et parvint à les chasser du Maine, de l'Anjou, du Poitou et de presque toutes les provinces dont ils s'étaient emparés sous le règne de Jean.

Non-seulement Duguesclin sut vaincre les Anglais, mais, ce qui était plus difficile encore, il délivra le royaume des *grandes compagnies*, en en conduisant un bon nombre en Espagne, où il aida Henri de Transtamare à renverser du trône son frère Pierre-le-Cruel. Rentré en France, il fut nommé connétable, et mourut peu après.

Quelques mois après, Charles V le suivit dans la tombe, emportant au tombeau le regret de la nation entière, qui compte les seize années de son règne au nombre des moins infortunées et des plus glorieuses.

1380—CHARLES VI, fils de Charles V, lui succéda à l'âge de douze ans. Son trop long règne plongea la France dans un abîme de malheurs. Les ducs de Bourgogne, de Berry et d'Anjou, ses trois oncles, devaient être ses protecteurs, ils furent ses ennemis.

Le duc d'Anjou enleva les trésors amassés par Charles V et augmenta les impôts. Comme les ducs de Bourgogne et de Berry imitèrent son exemple, le peuple s'irrita. A Paris, les mécontents, conduits par Aubriot, prévôt des marchands, se soulevèrent contre les percepteurs de nouvelles taxes, qu'ils assommèrent à coups de maillet, ce qui leur fit donner le nom de *Maillotins*. Le roi, averti de ces troubles, revint à Paris. Les bourgeois furent désarmés, et les fonctions municipales supprimées.

La paix donnait l'espoir d'un avenir moins malheureux, lorsque Craon, seigneur de la Ferté-Bernard, assassina le connétable de Clisson. Aussitôt le roi marcha contre lui pour venger son vaillant serviteur. Il sortait du Mans, et traversait une forêt lorsqu'un homme couvert de haillons s'élance tout à coup à la bride de son cheval, en criant : *Noble roi, tu es trahi*. Cette apparition jeta le trouble dans l'esprit faible du roi. Saisi d'une fureur soudaine, il tue plusieurs de ceux qui l'accompagnaient et blesse son frère le duc d'Orléans.

Les ducs de Berri et de Bourgogne se disputèrent la

régence. Le duc d'Orléans, après avoir joui d'un pouvoir qu'il partageait avec la reine Isabeau de Bavière, fut assassiné par ordre du duc de Bourgogne.

Les Anglais profitèrent des troubles qui agitaient la France. Henri V, à la tête d'une armée peu nombreuse, débarqua à la vue d'Harfleur, et se rendit maître de cette place. Cependant la longueur du siége et les maladies dont l'armée anglaise avait eu à souffrir ayant épuisé ses forces, Henri se vit contraint d'abandonner ses projets de conquête pour se retirer à Calais. La retraite était difficile, car une armée quatre fois plus nombreuse lui coupait le passage; mais il résolut de vaincre ou de périr. On en vint aux mains dans les plaines d'*Azincourt*, près de Saint-Pol en Artois, et les Français furent complétement défaits.

Cependant, Jean-sans-Peur, duc de Bourgogne, l'assassin du duc d'Orléans, soulevait les villes en sa faveur, se réconciliait avec la reine, et s'emparait de Paris, tandis que les Anglais s'approchaient de cette ville décimée par la peste et la famine.

Le danger commun fit penser à une réconciliation. Le dauphin, qui avait pris le titre de régent, proposa une conférence à Montereau : les chefs s'y rendirent ; mais à peine Jean-sans-Peur eut-il paru qu'il fut assassiné sur le pont même et sous les yeux du dauphin.

Les ennemis du dauphin profitèrent de cette circonstance pour l'exclure du trône. La reine Isabelle, mère dénaturée, et Philippe-le-Bon, fils de Jean-sans-Peur, tinrent une assemblée à Troyes, où Henri V, roi d'Angleterre, fut déclaré régent et héritier présomptif du royaume par son mariage avec la sœur du roi.

Heureusement Henri mourut peu de temps après. Charles VI ne lui survécut que de quelques mois.

1422—Charles VII. — A la mort de Charles VI, Henri VI, uni au duc de Bourgogne, occupait plus des trois quarts de la France. Le duc de Bedfort s'était réservé la régence du royaume et le commandement des troupes coalisées.

Les provinces du nord s'étaient déclarées pour les Anglais, celles du midi et du centre étaient restées fidèles à Charles VII, qui avait été proclamé à Poitiers avant de se retirer à Bourges. Ce prince ne pouvait trouver assez de forces pour lutter contre les Anglais, qui ne le nommaient plus que le *roi de Bourges,* et il était sur le point de succomber après la perte de la bataille de **Verneuil**, lorsque Montfort, par l'ordre de Bedfort, mit le siége devant Orléans. Une jeune héroïne sauva la France.

Jeanne d'Arc, connue sous le nom de la *Pucelle d'Orléans,* était née en 1410, de parents pauvres, au village de Domremy, sur la frontière de la Champagne et de la Lorraine. Au récit des malheurs qui frappaient la France, elle se crut inspirée du ciel, et alla trouver le roi à Bourges, en lui disant qu'elle était envoyée de Dieu pour faire lever aux Anglais le siége d'Orléans, et le conduire lui-même à Reims pour le faire sacrer. C'était encore l'âge de la foi et de la crédulité. Son enthousiasme passa dans le cœur du roi et des soldats, dont elle réveilla le courage; et bientôt, armée de pied en cap, et dirigée par le célèbre Dunois, elle pénétra dans Orléans, frappa les Anglais de terreur, et les força de lever le siége de cette ville. Un succès en amène un autre : après celui-ci plusieurs villes se soumirent, et Jeanne d'Arc, selon sa promesse, conduisit Charles à Reims, où il fut sacré le 17 juillet 1429. Elle voulut ensuite retourner dans son humble village. On la retint : sa fortune s'évanouit.

S'étant jetée dans la ville de Compiègne, elle fut prise dans une sortie par les Bourguignons, et livrée à prix d'or aux Anglais, qui l'accusèrent de sorcellerie et la firent condamner, par un tribunal où siégeaient plusieurs prélats français, à mourir sur un bûcher. Cette sentence inique fut exécutée à Rouen, en 1431, sans que Charles VII ait rien tenté pour sauver cette héroïque jeune fille, à laquelle il devait en partie l'honneur et la couronne.

Cependant Henri VI, roi d'Angleterre, espérant ranimer son parti, vint se faire sacrer à Paris; mais il est chassé de cette ville par Charles, qui, arraché enfin à sa mollesse, parvint à reprendre toutes ses provinces. Il ne resta plus aux Anglais que la seule ville de Calais.

Charles prenait à tâche de réparer les fautes de sa jeunesse, quand son fils, qui fut depuis Louis XI, leva contre lui l'étendard de la révolte. Le roi soumit les rebelles; mais, malheureux père autant qu'il avait été fils infortuné, redoutant tout du dauphin, il s'abandonna au désespoir, et se laissa mourir de faim par la crainte qu'il avait d'être empoisonné.

Ce fut sous le règne de Charles VII, en 1440, que l'art de l'imprimerie fut inventé en Allemagne, par Guttemberg; mais l'imprimerie ne fut connue à Paris qu'en 1470.

1461—Louis XI apprit la mort de son père dans les Etats de Philippe-le-Bon, duc de Bourgogne, où il s'était réfugié. Parvenu au trône, il ne démentit pas la réputation qu'il s'était acquise d'un prince aussi artificieux que méchant. Pour témoigner l'intention qu'il avait d'humilier les grands vassaux qui avaient jusque-là dominé la royauté, il fit son tailleur héraut d'armes, son médecin chancelier, son barbier duc et ambassadeur.

Les grands seigneurs, se voyant ainsi dépouillés de leurs charges, formèrent entre eux une ligue connue sous le nom de *ligue du bien public :* elle était composée des princes, des grands du royaume, unis à Charles-le-Téméraire, comte de Charolais, depuis duc de Bourgogne. Les deux partis se livrèrent à *Montlhéry* une sanglante bataille, où la victoire resta indécise, et qui fut suivie des traités de *Conflans* et *de Saint-Maur*.

Le roi n'exécuta pas ces traités; mais comme il sentit le besoin de s'appuyer sur la nation, il convoqua les Etats-Généraux à Tours, et y fit déclarer que la Normandie était réunie à la couronne. Déjà il en avait chassé à main armée son frère, à qui il l'avait donnée en apanage par le traité de Saint-Maur.

Charles-le-Téméraire embrassa la cause d'un prince fugitif et opprimé. La guerre civile recommençait : Louis crut l'éteindre en demandant une entrevue à Charles.

Elle eut lieu à Péronne, place forte appartenant au duc. Pendant la conférence le duc apprit que le roi excitait les Liégeois à la révolte contre lui. Irrité d'une telle fourberie, il le força à conclure un traité humiliant et à marcher avec lui contre les Liégeois. Louis fut témoin de la prise de cette ville, noyée dans le sang de ses habitants, et ne revint à Paris qu'après avoir souffert mille affronts.

Louis XI devait encore sortir de cette situation par son astucieuse habileté. En 1469, il donna à son frère le duché de Guyenne; mais ce prince ne jouit pas de ce duché : il mourut empoisonné... Charles-le-Téméraire prit aussitôt les armes, entra en Picardie : il était sur le point de prendre Beauvais, lorsque *Jeanne Hachette,* à la tête des femmes de la ville, repoussa l'assiégeant.

Quelques années après, Charles-le-Téméraire étant allé attaquer les Suisses, perdit contre eux la bataille de *Granson* et celle de *Morat.* Humilié de ces défaites, il voulut se venger sur le duc de Lorraine, et assiégea Nancy, sa capitale. Mais il fut tué sous les murs de cette place. Il ne laissait qu'une fille nommée Marie. Outre le duché de Bourgogne et la Franche-Comté, il possédait toutes les provinces qui forment de nos jours la Belgique et la Hollande.

La succession de Charles ne pouvant tomber entre les mains d'une femme, une partie de ses Etats revenait à la couronne de France. Louis, après avoir conquis la Franche-Comté, conclut le traité d'*Arras,* qui lui conservait sa conquête et l'Artois, et stipulait le mariage du dauphin avec Marguerite, fille de Marie et de Maximilien, et par conséquent le retour à la couronne de France du reste de la succession de Bourgogne.

Sur d'autres points du royaume, Louis XI faisait des acquisitions importantes. Le roi René de Provence et son neveu Charles du Maine étant morts sans héritiers, il réunit à la couronne l'Anjou, le Maine et la Provence, avec des prétentions sur le royaume de Naples, que ses successeurs, moins prudents que lui, devaient essayer de faire valoir pour le malheur de la France.

Deux ans avant sa mort, Louis éprouva dans sa santé une altération qui ajouta encore aux sombres et ombrageuses dispositions de son âme. Renfermé dans son château de Plessis-lès-Tours, il n'avait d'autre société que son barbier Olivier-le-Daim, son médecin, et son bourreau Tristan-l'Ermite, qu'il appelait son *compère*. L'activité sanguinaire de cet homme fut sans cesse occupée d'exécutions nouvelles. Les têtes les plus illustres furent les moins épargnées. Sentant sa fin s'approcher, il devient plus superstitieux, consulte les astrologues et en même temps se couvre de reliques, ordonne des pèlerinages, et appelle du fond de la Calabre saint François de Paule, qu'il supplie à genoux de l'arracher à la mort par ses prières. Comme ce saint l'exhortait à penser au salut de son âme : *Guérissons le corps*, lui dit le roi, *et ensuite nous penserons à l'âme*. Toutes ces vaines précautions ne purent prolonger son existence : il mourut en 1483, après avoir régné vingt-deux ans.

Malgré ses vices et sa cruauté, Louis XI fut un des plus habiles rois qu'ait eus la France. Il veillait à ce que chacun fût exact à remplir ses devoirs, et voulait que la justice se rendît ponctuellement, se réservant sans doute pour lui seul le droit d'être inique et barbare. Il protégea l'agriculture et le commerce, introduisit l'imprimerie en France, et organisa le service des postes, jusque-là inconnu en France. Ce prince hypocrite, et qui se plaisait avec des gens de la lie du peuple, est le premier qui ait porté le titre de roi *Très-Chrétien* et celui de *Majesté*, jusque-là réservé aux empereurs.

1483—Charles VIII, fils de Louis XI, n'avait que treize ans quand il monta sur le trône. Ce prince avait été constamment enfermé au château d'Amboise, et tenu dans une complète ignorance de tout ce qui avait rapport au gouvernement.

Anne de France, sa sœur aînée, tint dans la ville de Tours une assemblée des Etats-Généraux. Les députés proposèrent de nombreuses réformes et demandèrent à être convoqués tous les deux ans et à voter toujours les impôts. Anne ne les avait réunis que pour obtenir le titre de régente. Dès qu'elle l'eut obtenu, elle s'empressa de dissoudre cette assemblée, en se contentant de faire seulement quelques réformes dans l'administration de la justice. Le duc d'Orléans (qui fut depuis Louis XII) prétendait lui-même à la régence; uni au duc de Bretagne, il prit les armes et perdit la bataille de *Saint-Aubin*, où il fut fait prisonnier. Le duc de Bretagne mourut peu après, et la paix fut cimentée par le mariage de sa fille avec Charles VIII.

Ce prince, affranchi de la tutelle de sa sœur et régnant par lui-même, délivre le duc d'Orléans, l'admet dans ses conseils, et s'en fait un sujet fidèle. Entraîné par la manie des conquêtes, il songe à faire valoir les droits qu'il prétendait avoir sur le royaume de Naples, passe en Italie, et fait en quatre mois la conquête de ce royaume. Aussitôt, le pape, l'empereur, le roi d'Espagne, formèrent une ligue contre lui; mais sa légèreté, son imprudence contribuèrent plus encore que cette coalition à lui faire perdre la couronne qu'il avait conquise.

En revenant en France, il rencontra à *Fornoue* l'armée des confédérés, forte de quarante mille hommes: les Français l'étaient de huit mille; en moins de deux heures ils remportèrent une victoire complète.

Charles n'en perdit pas moins le royaume de Naples. Le duc d'Orléans fut chargé de ramener en France les débris de l'armée.

Charles songeait à une nouvelle expédition quand la mort vint l'enlever subitement dans son château d'Amboise, à l'âge de 27 ans. En lui finit la branche des *Capétiens*, dite *de Valois*.

L'événement le plus important de cette époque est la *découverte de l'Amérique*, par Christophe Colomb, en 1492. Vers le même temps, Vasco de Gama ouvrait aux Européens une route maritime aux Indes Orientales.

1498—Louis XII, dit le Père du Peuple. Après la mort de Charles VIII, la couronne passa à Louis, duc d'Orléans, arrière petit-fils de Charles-le-Sage. Humain, généreux, équitable, il refusa de disgracier tous ceux qui lui avaient été contraires. Il dit au duc de la Trémoille, qui l'avait fait prisonnier à la journée de *Saint-Aubin*, et qui craignait son ressentiment : *Le roi de France ne venge pas les injures faites au duc d'Orléans.* Il commença son règne par la diminution d'un dixième sur les impôts, et s'il n'eût été entraîné par la manie des conquêtes, jamais la France n'aurait été plus heureuse que sous son règne.

Après son divorce avec Jeanne de France, fille de Louis XI, il épousa Anne de Bretagne, et par ce mariage il rattacha pour toujours cette province à la France.

Ayant réglé l'intérieur de l'Etat, Louis passa en Italie pour soutenir ses prétentions sur le Milanais et sur Naples. Dans le cours d'une année, le Milanais fut pris, perdu et repris. Les Français marchèrent ensuite sur Naples, dont ils s'emparèrent, mais qu'ils abandonnèrent bientôt au roi d'Espagne par le traité de *Blois*.

Louis étant entré dans la fameuse *Ligue de Cambray* avec Maximilien d'Autriche, le pape Jules II et le roi d'Espagne, contre Venise, vainquit cette république aux journées d'*Agnadel* et de *Ravenne* ; mais malgré ces deux victoires, il fallut évacuer le Milanais.

La France touchait alors à un moment critique : elle était attaquée au midi par l'Espagne et l'Italie, à l'ouest par les Suisses, qui s'avançaient dans l'intérieur du royaume jusqu'à Dijon ; au nord l'Empire et l'Angleterre unissaient leurs forces contre les Français en Picardie, et remportaient, en 1513, près de Péronne, la victoire de *Guinegate*, connue sous le nom de *Journée des Eperons*. La France était pressée de toutes parts par les ennemis, lorsque Louis traita avec eux ; mais il fut obligé d'abandonner toutes ses conquêtes. Il mourut l'année suivante. En lui finit la branche des *Capétiens d'Orléans*.

Louis XII avait reçu des Etats-Généraux assemblés à Tours en 1506 le glorieux surnom de *Père du peuple*, que la postérité lui a confirmé.

1515—François 1er. Après la mort de Louis XII,

François, duc de Valois, son gendre et descendant de Charles V, monta sur le trône.

Le nouveau roi, jeune, plein d'un bouillant courage, se livra imprudemment à l'amour de la gloire. Pour se procurer l'argent nécessaire à une entreprise sur le Milanais, il vendit les charges de la magistrature, sans considérer qu'il était à craindre que des juges qui achetaient leurs charges ne vendissent à leur tour la justice.

Tous les préparatifs étant terminés, le roi, à la tête d'une puissante armée, franchit les Alpes, et, rencontrant les Suisses, ligués avec Maximilien, Ferdinand et Léon X, il gagna sur eux la célèbre bataille de *Marignan*.

Maître du Milanais, François veut affermir sa conquête par d'utiles alliances : il resserre les liens qui unissaient Venise à la France, fait avec les Suisses un traité de paix perpétuelle et se concilie le pape en lui accordant le revenu d'une année sur tous les bénéfices conférés par le roi. La mort de l'empereur Maximilien fit évanouir toutes les espérances de paix qu'on avait conçues. Charles-Quint, son petit-fils, déjà roi d'Espagne et souverain des Pays-Bas, prétendit à la couronne impériale. A cette candidature menaçante le roi de France opposa la sienne ; mais Charles fut élu, et de là naquit entre les deux monarques cette rivalité si funeste aux deux peuples.

Telle était la situation des affaires lorsque François Ier commença les hostilités dans la Navarre, qu'il conquit et perdit presque en même temps. Il fut plus heureux en Picardie, d'où il chassa Charles-Quint, qui y était entré.

Alors une ligue formidable se forma contre la France. Des intrigues s'ourdissaient contre Lautrec qui commandait dans le Milanais, et le connétable de Bourbon, prince français, se joignit aux ennemis de son pays. François Ier opposa en vain une courageuse résistance ; il fut complétement défait à la bataille de *Rebec* et perdit le Milanais.

Bourbon, vainqueur dans le Milanais, passe les Alpes, envahit la Provence et assiége Marseille. François accourt avec une nombreuse armée, et l'ennemi se retire en désordre. Animé par la victoire, le roi voulut assiéger

Pavie au milieu de l'hiver, malgré les avis de son conseil. Bourbon vient au secours de cette ville, engage la bataille sur toute la ligne, tombe lui-même sur le corps commandé par le roi, et en peu de temps tout fut tué ou dispersé, et le roi se trouva au nombre des prisonniers. La nouvelle de ce désastre fut aussitôt répandue dans la France, et le roi lui-même écrivit à sa mère, régente du royaume : *Madame, tout est perdu, fors l'honneur.*

Charles-Quint était alors en Espagne : vainqueur sans avoir combattu, il retint son rival captif à Madrid, et ne lui rendit la liberté qu'à de dures conditions. François se soumit à la nécessité, et signa le traité de *Madrid*. Par cette convention il abandonnait à l'empereur ses prétentions sur le Milanais, le royaume de Naples, la souveraineté de l'Artois et de la Flandre, le duché de Bourgogne, et restituait au connétable de Bourbon tous ses biens.

Dès que François Ier se vit en liberté, il refusa d'exécuter le traité, alléguant que les Etats-Généraux s'opposaient au démembrement du royaume.

Après une foule d'événements qui n'eurent aucun résultat avantageux pour l'une et l'autre puissance, il conclut avec Charles-Quint le traité de *Crespy-en-Valois*, qui ne fut pas mieux exécuté que les précédents, et qui aurait excité de nouvelles guerres si François Ier eût vécu plus longtemps. Il succomba à Rambouillet, à l'âge de cinquante-six ans, des suites d'une maladie inguérissable à cette époque.

Ce prince avait des qualités et des défauts brillants qui devaient le faire aimer de la nation. Il était brave, aventureux, ami du plaisir et des lettres qu'il protégea jusqu'à la fin de sa carrière ; mais pour satisfaire ses projets ambitieux, il joignit quelquefois la fourberie à la cruauté : tandis qu'il faisait brûler à petit feu les protestants à Paris, il les soutenait en Allemagne contre Charles-Quint.

François Ier fonda le Collége de France et l'Imprimerie Royale; il fit bâtir Fontainebleau; les châteaux de Saint-Germain et de Chambord sont en partie son ouvrage. Il protégea Marot, Saint-Gelais, lisait Rabelais, et avait attiré en France Léonard de Vinci.

Cette époque fut marquée par l'établissement de la *Réforme* ou *protestantisme*, qui devint une source de sanglantes discordes et prépara les grands événements des siècles suivants. De ce règne date aussi la fondation de l'ordre des Jésuites, qui toutefois ne s'établit en France que sous Henri II.

1547—Henri II étant monté sur le trône continua en quelque sorte le règne de son père, François Ier : profitant de l'occupation que donnaient à Charles-Quint les luthériens d'Allemagne, il s'empara des villes impériales de Metz, Toul et Verdun. Charles-Quint parut devant Metz avec cent mille hommes. Le duc de Guise soutint dans cette place le plus mémorable siége de ce siècle, et fit perdre à l'armée impériale quarante mille hommes. L'empereur, obligé de se retirer, perd encore l'année suivante la bataille de *Renty*. Alors ce prince, qui avait fait trembler l'Europe, abdiqua volontairement, et alla finir ses jours dans un monastère. Il y mourut au bout de trois ans, entièrement oublié, tant on garde peu le souvenir d'un grand acteur éloigné de la scène.

La trève qui suivit l'abdication de Charles-Quint fut aussitôt rompue que signée. Philippe II, secondé par son épouse Marie, reine d'Angleterre, gagna sur les Français, en 1557, la bataille de *Saint-Quentin*, et en 1558 celle de *Gravelines;* mais ces pertes se trouvèrent compensées par la prise de Calais, la dernière place possédée sur le territoire français par les Anglais qui l'occupaient depuis plus de deux siècles.

La paix fut signée à Cateau-Cambrésis. Henri II renonça à ses prétentions sur l'Italie, mais conserva les villes de Metz, Toul et Verdun, dont il s'était emparé au commencement de la guerre.

Philippe II, veuf de Marie, pour consolider la paix, épousa la fille aînée de Henri. Les fêtes données à cette occasion coûtèrent la vie au roi de France, qui fut blessé mortellement dans un tournoi par Montgommery.

Henri mourut à l'âge de 41 ans, laissant, de la trop fameuse Catherine de Médicis, sept enfants, dont trois montèrent sur le trône. Henri II fut le premier roi de France dont l'effigie parut sur les monnaies.

1559—FRANÇOIS II, à peine âgé de seize ans, monta sur le trône au moment où le royaume était travaillé de discordes intestines : aussi son règne de 17 mois vit éclore tous les maux qui par la suite désolèrent la France.

Plusieurs factions divisaient la cour : la différence de religion en était le prétexte, l'ambition la cause. Le cardinal et le duc de Guise étaient à la tête du parti catholique ; Condé, Antoine de Bourbon et Montmorency, formaient une faction ennemie des princes lorrains. Condé était même placé à la tête du parti protestant, et il dirigea la *conjuration d'Amboise*, dont le but était d'enlever le roi et de tuer les Guise. Le projet fut découvert : les conjurés, en arrivant au lieu du rendez-vous, furent pris, pendus ou jetés dans la Loire. Condé avait été condamné à perdre la tête ; la mort du roi vint suspendre l'exécution de cet arrêt.

François II mourut à l'âge de dix-sept ans, laissant à son frère Charles un royaume en proie aux factions. Il avait épousé Marie Stuart, reine d'Écosse, qui depuis périt sur l'échafaud, victime de la haine d'Élisabeth, reine d'Angleterre. Cette princesse altière apprit elle-même à son peuple que la couronne ne rendait pas invulnérable la tête qui la portait.

1560—CHARLES IX, second fils de Henri II, n'avait que dix ans quand il succéda à son frère François II. Catherine de Médicis, sa mère, gouverna le royaume sans cependant prendre le titre de régente. Pour affermir son autorité, cette princesse artificieuse feignit d'abord de tenir la balance entre les partis, tandis qu'elle fomentait en secret de nouvelles divisions.

Ces querelles religieuses allaient toujours croissant. On proposa la convocation du *Colloque de Poissy*, où chacun exposerait ses raisons. Théodore de Bèze parla en faveur de la réforme, et fut réfuté par le cardinal de

Lorraine; mais on ne put convenir de rien, et chacun demeura attaché à son sentiment.

Le duc de Guise, passant par Vassy, en Champagne, trouva des protestants qui chantaient des psaumes dans une grange; ses gens troublèrent la cérémonie, et la lutte commença. La guerre civile éclata alors ouvertement; les catholiques furent vainqueurs à la bataille de *Dreux*. Peu de temps après, le duc de Guise fut assassiné au siége d'Orléans, par Poltrot, gentilhomme calviniste.

Un traité, connu sous le nom de *Convention d'Amboise*, accorda aux protestants le libre exercice de leur religion: ce n'était pas ce que voulaient les chefs des deux partis, et la guerre se ranima plus vivement que jamais. On combattit à *Saint-Denis*, où la victoire fut douteuse; à Jarnac, où les calvinistes furent vaincus par le duc d'Anjou (depuis Henri III) : là, Condé, fait prisonnier, fut assassiné par Montesquiou. Henri de Béarn faisait ses premières armes dans les rangs des calvinistes.

On ouvrit des négociations, et le traité de *Saint-Germain*, favorable aux protestants, sembla rétablir la paix. Ce n'était qu'un piége qui couvrait les plus criminels desseins. Sous différents prétextes les chefs protestants furent attirés à la cour. Charles donna sa sœur Marguerite en mariage à Henri de Béarn, et au milieu des fêtes un affreux projet se méditait en silence; l'exécution en fut confiée au duc de Guise. Le 24 août 1572, jour de la *Saint-Barthélemi*, avant le lever du soleil, le tocsin sonne de toutes parts; les soldats et les catholiques, qui n'attendaient que le signal, se répandent dans tous les quartiers. La première victime fut l'amiral de Coligny. Après lui tous les calvinistes qu'on put rencontrer furent massacrés sans distinction d'âge, de sexe ni de condition. Le Louvre même ne fut pas un lieu de sûreté. Les seigneurs protestants y furent égorgés, excepté toutefois le roi de Navarre et le jeune Condé, qui consentirent au bout de quelques jours à l'abjuration qu'on exigea d'eux.

De Paris, les meurtres s'étendirent sur la France entière : mais on ne doit pas oublier de dire que plusieurs gouverneurs de province refusèrent d'obéir aux ordres sanguinaires de la cour. Le vicomte d'Orthez, gouverneur de Bayonne, écrivit au roi : « Sire, j'ai communiqué « le commandement de Votre Majesté aux habitants et « gens de guerre de la garnison ; je n'y ai trouvé que de « bons citoyens et de braves soldats, et pas un bourreau. »

Loin d'anéantir le parti protestant, ce massacre ne fit que l'exaspérer davantage, et la guerre se ranima avec une nouvelle fureur. Le duc d'Anjou assiégea vainement La Rochelle, la plus importante de leur place; il y perdit vingt-quatre mille hommes, et après avoir signé un quatrième traité avec les calvinistes, il partit pour aller prendre possession du trône de Pologne, auquel il venait d'être appelé par élection ; mais à peine était-il arrivé dans ses nouveaux États, que Charles IX fut atteint d'une maladie incurable dont il mourut à l'âge de vingt-quatre ans, sans laisser de postérité.

Terminons ce pénible récit par une observation singulière : c'est qu'au milieu de la plus ignoble corruption et des discordes civiles qui ensanglantaient le France, on publia nos plus sages lois, dont on fut redevable au chancelier de l'*Hôpital*, homme bien supérieur à son siècle, et le plus capable de guérir les maux publics, si les lois pouvaient quelque chose sans les mœurs et sans la vertu.

1574—Henri III, instruit de la mort de son frère, quitta furtivement la Pologne. Il trouva en France la guerre allumée, et au lieu de travailler au salut de l'État, il se laissa dominer par une troupe de *mignons*.

Le duc d'Alençon, son frère, étant mort, Henri de Navarre devint héritier présomptif de la couronne. Les Guise profitèrent de cette circonstance pour publier partout que la religion catholique était perdue si un roi protestant montait sur le trône. Le duc de Guise, dit le Balafré, était à la tête des catholiques. Le roi, redoutant l'influence que la guerre donnait à ce chef ambitieux, accorda aux protestants, par la paix de *Beaulieu*, des avantages qui exaspérèrent les catholiques. Guise, profitant de leur indignation, organisa cette association connue sous le nom de *sainte ligue*, dont la religion était le prétexte et l'expulsion des Valois le véritable but.

Henri III, voyant le danger qui le menace, croit le détourner en se déclarant chef de cette ligue : il l'est de nom, le duc l'est en réalité. Alors l'État se trouva divisé en trois partis, et la première guerre civile qui s'ensuivit fut appelée *guerre des trois Henri*. Ces partis étaient : celui de la ligue ; celui des protestants, dont Henri de Navarre était le chef ; et celui des amis de l'ordre et de la paix, qu'on nomma les *politiques*. Lorsque le roi eut révoqué les édits favorables aux calvinistes, Henri de Navarre reprit les armes, et remporta la victoire de *Coutras,* mais il ne put soutenir cet avantage.

Une ligue particulière, dite des *seize*, se forma à Paris, dans le but de détrôner Henri III, et de donner la couronne au duc de Guise. Henri veut en vain s'opposer aux factieux, le duc de Guise, revenu à Paris, les soutient et les encourage : ils forment des barricades dans les rues, s'emparent de la ville, et forcent le roi à l'abandonner. Dès lors le duc de Guise fut véritablement roi de Paris ; le soir même de la *journée des barricades*, il n'eut qu'à paraître au milieu des habitants soulevés, et l'ordre aussitôt se rétablit comme par enchantement. Peu de temps après, le faible monarque souscrivit aux conditions que lui imposait un sujet trop puissant. Il se vengea ensuite par un crime : le duc et le cardinal de Guise furent massacrés à Blois, où le roi tenait les États-Généraux.

Le double et inutile assassinat du duc et du cardinal rendit le roi plus odieux sans le rendre plus redoutable. La ligue proclama le duc de Mayenne, frère des deux victimes, lieutenant général du royaume ; les villes les plus considérables, Paris, Lyon, Rouen, etc., se révoltèrent ouvertement contre le roi. On ne le regardait plus que comme un assassin ; Grégoire XIII l'excommunia, et la Sorbonne déclara les Français déliés de leur serment de fidélité. Henri III, trahi par ses sujets catholiques, se réconcilia avec le roi de Navarre. Ces deux princes s'étaient réunis pour assiéger Paris, lorsque Henri III fut poignardé par Jacques Clément, religieux dominicain.

Avec Henri III finit la *deuxième branche des Valois*.

1589—HENRI IV, fils d'Antoine de Bourbon et de Jeanne d'Albret, descendait de saint Louis, et se trouvait héritier du trône à la mort de Henri III. Ce prince prit à regret les armes contre son peuple, et se prépara à conquérir en héros un royaume qu'il voulait gouverner en père. Autour de lui, on voyait dans les combats le fier Biron; Crillon, le brave des braves, le sage et inflexible Mornay et le vertueux Sully.

Cependant les ligueurs et leur chef, le duc de Mayenne, étaient maîtres de Paris, des principales villes, et Philippe II, roi d'Espagne, les appuyait de toutes ses forces. Henri, déployant contre tant d'ennemis sa bravoure et son activité ordinaires, se dégagea par la victoire d'*Arques* d'une position désespérée, et se couvrit de nouveaux lauriers dans les plaines d'*Ivry*. « Mes compagnons, dit-
« il en cette rencontre à ses braves soldats, voilà l'en-
« nemi ! Si les cornettes vous manquent, ralliez-vous à
« mon panache; vous le trouverez toujours au chemin
« de l'honneur. » La victoire fut complète, et le vainqueur, poursuivant ses avantages, vint mettre le siége devant Paris. Bientôt cette ville immense éprouva toutes les horreurs de la famine. A défaut de pain, on en fit avec les os des morts; une mère dévora son enfant. Cette ville aurait enfin succombé si Philippe II n'eût envoyé l'ordre au duc de Parme de la délivrer. A son approche, le découragement se mit dans l'armée de Henri IV; il fut obligé de lever le siége.

La guerre se prolongeait indéfiniment. Henri, convaincu de l'impossibilité de faire cesser la guerre civile en restant dans la croyance de la minorité, abjura la religion protestante. Il fut alors reçu dans la capitale, et signala son retour par des actes de clémence et de bonté.

Mayenne se soumit peu de temps après, et la guerre avec l'Espagne se termina par le traité de *Vervins*. Henri put enfin s'appliquer à relever la France abattue par de si longs malheurs, et il rendit le fameux *Edit de Nantes*, qui accordait aux calvinistes le libre exercice de la religion. Cet édit contribua puissamment au rétablissement de la tranquillité publique.

Plein de grands projets pour l'abaissement de l'Autriche et de l'Espagne, ces deux puissances ennemies de la France, il allait se mettre à la tête de ses armées, quand le poignard d'un assassin vint terminer ces jours qui avaient échappé au hasard de tant de batailles. Ravaillac porta deux coups de couteau au roi, au moment où son carrosse était arrêté par un embarras de voitures dans la rue de la Ferronnerie. Henri s'écria : « Je suis blessé ! » et expira à l'instant. Ce prince emporta au tombeau les regrets de la nation. Nous ne pouvons mieux faire son éloge qu'en citant ses propres paroles : « J'es-
« père, disait-il souvent, que bientôt chaque paysan met-
« tra la poule au pot le dimanche. »

Sous le règne de Henri IV, grâce à Sully, une admirable économie rétablit l'ordre dans les finances ; les dettes de l'Etat furent acquittées, et même les impôts diminués. On creusa le canal de Briare, qui réunit la Loire à la Seine ; la longue galerie du Louvre et le Pont-Neuf furent construits ; en un mot, de grands travaux ajoutèrent encore à la gloire du bon roi et du sage ministre dont le souvenir s'associera toujours à celui de Henri dans la postérité.

1610—Louis XIII, fils de Henri IV. Ce prince n'avait que neuf ans lorsqu'il monta sur le trône. Sa mère, Marie de Médicis, fut déclarée régente. A peine cette princesse eut-elle en main les rênes du gouvernement, qu'elle renvoya les anciens ministres, plaça à la tête des affaires le Florentin Concini, qu'elle nomma *maréchal d'Ancre*.

Les grands ne voulurent point se plier au joug d'un étranger. Le prince de Condé se mit à la tête des mécontents. Louis les fit arrêter et mettre à la Bastille ; mais le trouble ne fut apaisé que par le massacre horrible du maréchal d'Ancre et l'exil de Marie de Médicis au château de Blois. Louis cependant, inquiet des dispositions du peuple, se réconcilia avec sa mère. Le rapprochement se fit par l'entremise de l'évêque de Luçon, si connu depuis sous le nom de *cardinal de Richelieu.*

Après la mort du connétable de Luynes, successeur de Concini, Richelieu fut nommé ministre, et se brouilla avec la reine, sa protectrice, qui fut bannie à Cologne, où elle mourut dans la misère.

Les protestants, ou plutôt les seigneurs, qui exploitaient les discordes civiles au profit de leur ambition, relevèrent l'étendard de la sédition. Le roi comprit qu'il ne pourrait les soumettre tant qu'il ne leur aurait pas enlevé leurs places de sûreté, et avant toutes La Rochelle.

Pour en défendre l'approche aux vaisseaux de Charles Ier, roi d'Angleterre, qui soutenait les protestants de France, Richelieu, comme Alexandre devant Tyr, fit jeter une digue de plus d'un quart de lieue de longueur, et la ville affamée se rendit après un siége de treize mois. De près de trente mille habitants, il en restait à peine cinq mille. Le roi accorda la liberté de conscience; mais les priviléges furent révoqués et la ville démantelée.

Gaston, frère du roi, qui avait quitté le royaume en même temps que Marie de Médicis, venait de rentrer en France les armes à la main, soutenu par le duc de Lorraine et le connétable de Montmorency. Richelieu le prévint, et Gaston fut heureux d'accepter la paix; le connétable, pris les armes à la main, paya de sa tête l'appui qu'il avait donné aux rebelles. Enfin l'exécution de Cinq-Mars et de Thou, qui furent mis à mort quelques mois seulement avant la mort du ministre, signala encore une fois la puissance d'un homme qui, jusqu'à la dernière heure, fit tout céder à son inflexible volonté.

Les conspirations multipliées n'avaient point empêché Richelieu de reprendre les vastes desseins de Henri IV contre la maison d'Autriche. Une de ses branches occupait le trône impérial, l'autre possédait l'Espagne, les Pays-Bas, une partie de l'Italie et de vastes contrées dans l'Inde et dans l'Amérique.

Une armée fut d'abord dirigée en Italie, et un brillant

4

fait d'armes nous ouvrit le Pas de Suze. Dans les deux années suivantes, il dicta la paix aux Espagnols et au duc de Savoie; puis il châtia le duc de Lorraine, et conclut avec Gustave-Adolphe un traité d'alliance, par lequel ce prince s'engageait à porter la guerre en Allemagne. Richelieu prit alors le premier rôle dans cette lutte, qui replaça la France au rang qu'elle devait occuper en Europe. Richelieu gouvernait la France depuis vingt-deux ans, lorsqu'il fut atteint d'une maladie qui l'enleva dans la cinquante-huitième année de son âge. Sous son ministère, les sciences, les arts, le commerce firent de grands progrès, l'Académie française fut fondée; en un mot, les merveilles du règne de Louis XIV préparées.

Louis XIII ne survécut que peu de mois à Richelieu; il mourut à l'âge de quarante-deux ans; il avait eu deux fils d'Anne d'Autriche, après vingt-trois ans de stérilité.

Ce prince laissa mourir sa mère dans l'exil et dans la misère; peu s'en fallut qu'il n'abandonnât son frère à la vengeance de Richelieu, et à l'heure même de l'exécution de son favori, Cinq-Mars, il riait de la figure qu'il devait faire au moment suprême.

Parmi les monuments qu'on vit s'élever à cette époque, il faut citer la Sorbonne et la statue équestre de Henri IV, placée sur le Pont-Neuf. C'est le premier monument de ce genre que les Français aient élevé à la mémoire de leurs souverains.

1643—Une victoire éclatante illustra les premiers jours du règne de Louis XIV, et tandis que ce prince, âgé de cinq ans, montait au trône sous la tutelle de sa mère, Anne d'Autriche, qui avait choisi pour premier ministre le cardinal Mazarin, le prince de Condé commençait sa brillante et versatile carrière en battant les Autrichiens et les Espagnols à *Rocroy*.

Ce succès, joint à ceux de Turenne en Allemagne, amena le traité de *Westphalie*, qui assura à la France l'Alsace et une partie de la Lorraine.

Mazarin, étranger à la France par la naissance, trouva dans la cour et le parlement de nombreux et puissants ennemis. Pour les effrayer, on fit arrêter deux membres du parlement. Cette violence souleva le peuple, et les *Frondeurs* forcèrent la reine et le jeune roi à quitter Paris. A leur tête se trouvaient le cardinal de Retz, coadjuteur de Paris, Turenne, La Rochefoucauld et Beaufort; mais Condé, appelé au secours de Mazarin, parvint, avec huit mille hommes, à bloquer Paris. Les bourgeois demandèrent à capituler. On accorda une amnistie, et Mazarin resta au ministère.

Condé, enorgueilli par ses succès et ses services, manifesta les prétentions les plus exagérées, et menaça de passer du côté des Frondeurs. Mazarin parvint à se rapprocher du cardinal de Retz; il fit arrêter le prince et l'enferma dans le donjon de Vincennes. Turenne, à la tête des mécontents, demanda impérieusement que Condé fût remis en liberté. Mazarin, dont le coadjuteur s'était séparé encore une fois, n'osa résister et alla lui-même ouvrir les portes de la prison de Condé. C'est alors que le roi fut déclaré majeur.

Bientôt Condé, reprochant à la reine de se laisser encore gouverner par Mazarin, quitta Paris, s'allia aux Espagnols, et prit les armes contre son souverain. Turenne, qui avait à son tour changé de drapeau, lui fut opposé, et eut la gloire de le vaincre au moment où il allait enlever le roi dans la ville de Gien.

Condé revint vers Paris, et fut suivi par Turenne, qui lui livra un sanglant combat dans le faubourg Saint-Antoine; il allait perdre la liberté ou la vie quand les Parisiens se soulevèrent en sa faveur et lui ouvrirent leurs portes. La capitale fut alors livrée aux plus sanglants désordres, et la reine épouvantée fut forcée de renvoyer une seconde fois Mazarin; mais elle parvint bientôt à détacher le peuple de Paris du prince de Condé, qui se réfugia de nouveau dans le camp des ennemis.

La guerre civile et étrangère recommença avec fureur. Les Espagnols s'emparèrent de plusieurs villes dans le nord de la France. Condé se mit à leur tête; mais Turenne arrêta leurs progrès, fit lever le siége d'Arras, et remporta sur son redoutable rival la victoire des *Dunes.* La reine, profitant de l'épuisement des partis, avait rappelé Mazarin. Ce ministre acheva l'œuvre préparée par la valeur de Turenne : il fit signer le traité des *Pyrénées,* qui fut cimenté par l'amnistie accordée à Condé et par le mariage de Louis XIV avec l'infante Marie-Thérèse.

Peu de temps après, Mazarin mourut, laissant au roi des richesses immenses, fruit de ses concussions, et qui furent acceptées comme si elles eussent été légitimes.

Louis XIV déclara qu'il voulait désormais régner par lui-même, et choisit pour ministre Colbert. A la mort du roi d'Espagne, il se hâta de prendre les armes pour faire valoir les droits de sa femme à une partie de la succession de ce prince. Il envahit les Pays-Bas et la Franche-Comté. Les Hollandais effrayés conclurent avec la Suède et l'Angleterre un traité d'alliance contre la France. Louis, suivi de Turenne, de Condé, de Louvois, de Créqui, se mit à la tête de ses troupes et arriva en peu de jours sur les bords du Rhin. Les Français passèrent ce fleuve à la nage sans rencontrer aucune résistance sur l'autre rive. La Hollande implora la paix : Louis voulut lui imposer les plus dures conditions : elle répondit en se préparant à une énergique défense.

Guillaume III, prince d'Orange, nommé stathouder, rompit les conférences et persuada à ses concitoyens de couper les digues qui retenaient les eaux de l'Océan, et les Français furent obligés d'abandonner un pays changé tout à coup en une vaste mer.

L'ambition de Louis avait armé l'Europe. L'Empire, l'Espagne, la Savoie et la Hollande se réunirent contre lui. Condé mit en déroute le prince de Nassau ; Turenne repoussa Montécuculli jusqu'au delà du Rhin, et allait lui livrer une bataille décisive quand il fut emporté par un boulet de canon. La France entière le pleura ; le roi rendit un hommage ostensible à sa mémoire, mais oublia bientôt un serviteur dont la gloire obscurcissait la sienne.

Cependant la guerre continuait avec vivacité : Duquesne s'illustrait par de brillantes victoires navales; Luxembourg prenait Valenciennes; le duc d'Orléans chassait le prince d'Orange des places qu'il occupait dans le nord. Les ennemis demandèrent la paix : elle fut signée à *Nimègue,* aux conditions qu'il plut au vainqueur de leur imposer.

En 1690, Jacques II, roi d'Angleterre, fut détrôné par Guillaume, prince d'Orange, et vint chercher un asile près de Louis XIV : ce fut un nouveau motif d'hostilité : toutes les puissances se liguèrent contre la France. Cette campagne, qui fut encore un enchaînement de victoires, amena le traité de *Riswick,* qui ne rétablit point Jacques II sur son trône.

Vers cette époque eut lieu la révocation de l'*édit de Nantes,* dont les effets ont été si funestes pour la France. Cinq cent mille protestants persécutés se virent contraints de quitter leur patrie, et portèrent à l'étranger leur industrie, leurs richesses et le désir de la vengeance.

Peu après, Charles II, roi d'Espagne, ayant désigné pour son successeur Philippe de France, petit-fils de Louis XIV, les autres puissances de l'Europe s'opposèrent à l'exécution de ce testament, ce qui donna lieu à la guerre dite *de la Succession.* Marlborough était à la tête des Anglais, et le prince Eugène commandait les Impériaux. Les Français perdirent trois batailles.

En vain le maréchal de Berwick remporta en Espagne la bataille d'*Almanza,* qui rouvrit à Philippe V le chemin de sa capitale; tous les fléaux se réunirent pour accabler la France, épuisée par de si longs efforts; les rigueurs de l'hiver de 1709 et une affreuse famine mirent le comble à la désolation générale. Louis XIV, humilié, demanda la paix à ces mêmes Hollandais qu'il avait jadis traités avec tant de hauteur : elle lui fut refusée.

Par bonheur pour Louis XIV, on apprit la mort de Joseph II, qui donnait la couronne impériale à l'archiduc Charles, son frère. L'Angleterre sentit que le soutenir dans ses prétentions sur l'Espagne c'était donner à la maison d'Autriche un avantage qu'elle avait voulu enlever à la France, et aussitôt elle abandonna la ligue. Marlborough fut rappelé.

Eugène, privé de la coopération de l'Angleterre, s'était malgré cette diminution de forces rendu maître de la plupart des places frontières, et menaçait la Picardie et la Champagne, lorsque Villars remporta sur les Impériaux la bataille de *Denain*. Cette glorieuse affaire permit à la France de conclure la paix sans déshonneur. Par le traité d'*Utrecht*, les puissances alliées reconnurent Philippe V roi d'Espagne, à condition qu'il abandonnerait ses prétentions à la couronne de France.

Louis ne jouit pas longtemps des fruits d'une paix qui lui avait tant coûté. Il mourut en 1715, âgé de soixante-dix-sept ans, après un règne de soixante-douze.

Sans doute ce prince fut favorisé par la fortune, qui le fit naître à une époque où les esprits avaient reçu une impulsion irrésistible, et Richelieu lui avait tracé la voie des grandes choses; il se laissa entraîner à de folles dépenses, rendit des lois atroces contre les protestants, et cependant l'histoire impartiale, pesant dans une balance équitable ses fautes et ses grandes actions, a justement placé le héros sur un piédestal.

On doit à Louis XIV le canal du Languedoc, qui établit une communication entre l'Océan et la Méditerranée, l'Hôtel des Invalides, le Palais de Versailles, le grand et le petit Trianon, le Val-de-Grâce, etc., etc.

1715—Louis XV, arrière-petit-fils de Louis XIV, monta sur le trône à l'âge de cinq ans. Le parlement cassa le testament du feu roi, et déféra la régence au duc d'Orléans, brave guerrier, habile politique, mais de mœurs dissolues, et qui s'entoura d'infâmes conseillers, tels que le cardinal Dubois.

Les premiers soins du régent furent de rétablir les finances. Il crut y parvenir en adoptant le système d'un aventurier, nommé *Law* ; l'argent fut remplacé par un papier-monnaie; mais ce papier perdit toute sa valeur. Law s'enfuit, chargé de malédictions, et une honteuse banqueroute entraîna la ruine d'un grand nombre de familles. Le régent, abandonnant la politique de Louis XIV, se rapprocha de l'Angleterre et déclara la guerre à l'Espagne. Elle fut heureuse : le maréchal de Berwick força l'Espagne à accepter une paix humiliante.

Louis XV avait atteint sa majorité. Le duc d'Orléans prit le titre de premier ministre, et mourut peu après. Une longue paix, sous le ministère du cardinal de Fleury, donna à la France le temps de respirer.

Louis XV avait épousé la fille de Stanislas Leczinski, roi de Pologne. Il prit les armes pour soutenir les droits de son beau-père, contestés par l'empereur. Cette guerre, dans laquelle se distingua Villars par la prise de Milan, et où Berwick força le prince Eugène jusque dans ses retranchements en Allemagne, se termina par le traité de *Vienne*, par lequel Stanislas renonça au trône de Pologne, et reçut en indemnité la Lorraine, qui dut être réunie après sa mort à la France.

La mort de Charles VI, empereur d'Allemagne, fut le signal d'une guerre terrible. La France, l'Espagne, la Sardaigne s'unirent pour disputer à Marie-Thérèse les vastes possessions de la maison d'Autriche. Fleury s'était opposé à cette guerre; mais Louis XV céda aux sollicitations de ses courtisans, et la France rentra dans la carrière des combats, où se distinguèrent deux étrangers, le maréchal de Saxe et le maréchal de Loewendall. Au milieu de la campagne de 1744, Louis XV tomba malade à Metz. A la nouvelle du danger qu'il courait, la France fut consternée; de toutes parts les accents de la douleur s'élevèrent vers le ciel. « Qu'ai-je donc fait, s'é- « criait Louis, pour être ainsi aimé? » (La postérité lui a répondu : *Rien.*) Louis, revenu à la vie, entra en campagne. Il obtint des succès brillants, et, secondé par le maréchal de Saxe, il gagna sur l'armée coalisée la bataille de *Fontenoy*. La paix fut signée à Aix-la-Chapelle. Louis abandonna ses conquêtes; Marie-Thérèse resta en possession des Etats héréditaires de ses ancêtres, et vit son époux fermement établi sur le trône impérial.

La France respirait. Le roi en profita pour se livrer

au débordement des vices les plus crapuleux : on vit s'asseoir sur les marches du trône les plus viles prostituées.

La guerre éclata de nouveau en 1756, et la France conclut avec l'Espagne, l'Autriche et la Russie, une alliance contre la Prusse et l'Angleterre. L'événement le plus important de cette guerre, dite de *Sept ans*, fut la bataille de *Rosbach*, perdue contre le grand Frédéric, et qui amena le traité de *Paris*, l'un des plus honteux dont notre histoire ait gardé le souvenir. La France perdit toutes les colonies qu'elle possédait sur le continent de l'Amérique, excepté la Nouvelle-Orléans ; elle fut dépouillée de ses établissements des Indes, exclue du Sénégal et du Canada, et à peine obtint-elle le droit de pêcher la morue sur le banc de Terre-Neuve ; il fallut de plus promettre de démolir les fortifications et le port de Dunkerque, et bientôt la France n'eut plus ni commerce ni marine. Le roi n'en continua pas moins, au milieu des calamités publiques, de se livrer aux plus honteuses prodigalités.

En 1763, un édit du roi chassa les Jésuites du royaume ; leur expulsion fut également ordonnée en Portugal, en Espagne, à Naples, à Parme, etc. La suppression de l'Ordre lui-même ne fut prononcée qu'en 1773 par Clément XIV.

Cependant l'orage grondait à l'intérieur. Les Parlements, indignés et présageant l'avenir, faisaient de l'opposition à l'autorité royale. Le chancelier Maupeou cassa et exila celui de Paris. Un assassin, nommé *Damiens*, frappa le roi d'un coup de couteau, ne le blessa que légèrement, et fut écartelé.

L'indignation, le dégoût se propageaient de toutes parts ; un abîme se creusait sous le trône : le roi s'en apercevait, et il disait en riant : « Que m'importe, il durera autant que moi. » En effet, il fut atteint peu après d'une maladie affreuse, dont l'art des médecins ne put arrêter les progrès.

On doit à Louis XV l'établissement de l'Ecole militaire ; il posa la première pierre de l'église Sainte-Geneviève, aujourd'hui le Panthéon, et il envoya Maupertuis vers le pôle et La Condamine sous l'équateur pour déterminer la forme de la terre.

1774—Louis XVI, fils aîné du dauphin, succéda, à l'âge de vingt ans, à Louis XV ; il avait épousé, n'étant encore que dauphin, Marie-Antoinette, fille de l'illustre Marie-Thérèse. Les premiers actes de son règne manifestèrent le désir sincère qu'il avait de rendre la France heureuse. Il supprima la servitude personnelle dans ses domaines, abolit la torture et rappela les parlements exilés.

Si Louis XVI avait joint aux qualités du cœur l'énergie et l'expérience qu'on n'a guère à vingt ans, peut-être eût-il marché d'un pas sûr dans la voie des réformes, dont il sentait lui-même l'impérieuse nécessité. Mais depuis des siècles, tant d'abus iniques, tant d'injustices, de dilapidations, de coutumes bizarres, de préjugés honteux s'étaient infiltrés dans cette société vieillie, qu'il était peut-être fatalement nécessaire de faire table rase pour la reconstituer.

D'ailleurs, si l'entêtement et l'égoïsme des privilégiés étaient extrêmes, les prétentions des novateurs étaient aussi exagérées. En un mot, tous les partis s'apprêtaient à une guerre d'extermination. La dernière heure de la monarchie avait sonné. Nous allons décrire en peu de mots les événements qui amenèrent sa chute.

A l'avénement de Louis XVI, l'état des finances ne permettait pas de faire face aux charges publiques avec les revenus existants. Turgot proposa la suppression des prérogatives qui exemptaient de l'impôt ceux qui possédaient la plus grande partie du territoire; mais cet homme sage et son digne ami Malesherbes, contrariés dans leurs projets par le parlement et par les classes privilégiées, furent éloignés des conseils du roi. Necker, qui lui succéda, introduisit quelques réformes, quand un grand événement vint compliquer les difficultés de la situation et réagir sur le monde.

En 1776, les colonies anglaises d'Amérique, blessées dans leurs droits par les prétentions de la métropole, avaient proclamé leur indépendance, et Louis XVI l'avait reconnue. Les Anglais, irrités, déclarèrent la guerre à la France. Le roi envoya une armée en Amérique, sous les ordres de Rochambeau et de Lafayette, qui se montrèrent les dignes émules de Washington. Après une lutte de six années, l'Angleterre signa un traité de paix qui reconnut l'indépendance des Etats-Unis, et rendit à la France une partie de ses colonies en Amérique, en Afrique et en Asie.

Cette guerre, quoique profitable et glorieuse, avait augmenté le délabrement des finances et propagé dans les esprits l'amour du républicanisme. Necker était remplacé par Calonne, qui obtint du roi la convocation des notables pour aviser au moyen de combler le déficit. Cette première assemblée ne décida rien. Une seconde est convoquée par Necker rentré aux affaires ; le refus du concours de la part du parlement la rend aussi infructueuse. Les *Etats-Généraux* furent convoqués.

Le 5 mai 1789, les députés des trois ordres se réunirent à Versailles. Aussitôt la mésintelligence éclata. Les ordres du clergé et de la noblesse voulaient former deux assemblées distinctes de celle du tiers état. Mirabeau s'opposa à cette disposition, qui aurait rendu impossibles toutes les réformes projetées. Une partie du clergé s'étant réunie au tiers état, ils se formèrent en *Assemblée nationale*, et le 20 juin, dans le Jeu de Paume, sous la présidence de Bailly, ils jurèrent de ne se séparer qu'après avoir donné une constitution à la France.

Le 23 juin, l'assemblée était en permanence quand le grand maître des cérémonies vint lui ordonner, de la part du roi de se dissoudre. Mirabeau lui répondit : « *Allez dire à votre maître que lorsque la nation est assemblée, elle n'a d'ordre à recevoir de personne.* »

La révolution était commencée : l'assemblée du tiers état, à laquelle la majorité de l'ordre du clergé et quelques membres de la noblesse vinrent un peu tard se réunir, demeura maîtresse des destinées de la France.

L'opposition de la cour, le renvoi de Necker et les mesures militaires prises par l'assemblée amenèrent l'insurrection du 14 juillet. Pour calmer l'irritation populaire, l'assemblée arrêta, dans la nuit du 4 août, que tous les Français étaient égaux, qu'il n'y avait plus de noblesse, plus de priviléges, plus de droits féodaux.

L'effervescence un peu calmée se ranima par le refus que fit le roi de sanctionner la *Déclaration des Droits de l'Homme*. De nouvelles imprudences du parti de la cour servirent de prétextes pour soulever la populace, qui se porta en foule au château de Versailles, dans les journées des 5 et 6 octobre. On enfonça les portes, les gardes du corps furent égorgés, et la famille royale n'échappa qu'avec peine aux dangers qui la menaçaient. Elle fut ramenée en triomphe, mais comme prisonnière, à Paris.

Les principaux décrets de l'Assemblée furent la division de la France en départements, l'établissement du jury, la création d'un papier-monnaie connu sous le nom d'*assignats*. On détruisit les couvents, et les biens du clergé furent déclarés nationaux pour servir de gage aux assignats.

Le 14 juillet 1790, on célébra au Champ-de-Mars l'anniversaire de la prise de la Bastille. Cent mille fédérés y assistèrent. Talleyrand officia, et le roi prêta sur l'autel de la patrie serment à la Constitution.

Mais cette fête ne rallia point les esprits. La guerre civile commença dans la Vendée. Une foule de réunions particulières s'étaient formées sous le nom de *club*. Chaque opinion avait le sien et sa dénomination particulière. Celui des *Jacobins* s'était rendu redoutable à l'Assemblée elle-même. Le clergé refusa de prêter serment à la Constitution, et les nobles quittèrent en foule le royaume. Les princes du sang avaient donné eux-mêmes l'exemple de cette émigration.

Au mois de juin 1791, le roi avec sa famille tenta de quitter la France; il fut arrêté à Varennes, ramené au château des Tuileries, et suspendu de ses fonctions jusqu'à ce qu'il eût accepté le nouvel acte constitutionnel.

Le 1er octobre 1791, l'*Assemblée législative* remplaça

la Constituante. Dès la première séance, elle enleva au roi quelques-unes de ses distinctions honorifiques, et tous les membres firent le serment de vivre libres ou de mourir.

Le 10 août 1792, une insurrection formidable éclata. Le château des Tuileries fut forcé, les Suisses massacrés, et le roi qui était venu chercher un asile au sein de l'Assemblée nationale, y entendit prononcer la suspension de son pouvoir. L'infortuné monarque fut renfermé au Temple : sa famille partagea sa captivité.

Le 1er septembre on reçut à Paris la nouvelle de la prise de Verdun par les Prussiens, qui marchaient sur la capitale. Danton fit tirer le canon d'alarme ; les barrières furent fermées, et une foule altérée de sang se porta sur les prisons, où elle fit pendant trois jours un massacre épouvantable.

1792—RÉPUBLIQUE FRANÇAISE. Le 21 septembre, la *Convention nationale* abolit la royauté et proclama la République. Le roi fut mis en jugement et condamné à mort : l'appel au peuple fut rejeté. Arrivé au lieu de l'exécution, le malheureux monarque subit son sort avec fermeté.

Après la mort de Louis XVI, l'Europe entière s'arme contre la France. La Convention appelle aux armes douze cent mille soldats, qu'elle divise en quatorze armées, qui couvrent toutes les frontières de France. Elles triomphent sur tous les points. A l'intérieur, un régime de sang brise toutes les résistances.

1799—Le 18 brumaire, an VIII, Bonaparte, revenu d'Égypte, se rend à Saint-Cloud. Il triomphe. Gouvernement consulaire [1].

1804—NAPOLÉON.—Sénatus-consulte qui constitue l'empire et rend le trône héréditaire dans la famille de Napoléon Ier.

---

[1] Les événements qui eurent lieu sous la République et sous l'Empire étant retracés dans nos *Tablettes universelles* et surtout dans notre *Histoire de Napoléon*, qui font partie de la *Bibliothèque pour tout le monde*, nous renvoyons nos lecteurs à ces deux ouvrages.

1814—Campagne de France. Entrée des étrangers à Paris. Abdication de Napoléon. Il part pour l'île d'Elbe.

1814—Louis XVIII.—Le 12 avril, *Monsieur*, frère du roi, fut reçu triomphalement à Paris. Il fait un traité avec les puissances coalisées, par lequel la France conservait ses limites telles qu'elles existaient au 1er janvier 1792, à l'exception de quelques places fortes. Ce traité fut ratifié par Louis XVIII, qui vint bientôt lui-même prendre possession de la couronne, et *octroya* aux Français une Charte constitutionnelle.

Cette charte fut loin de réunir tous les suffrages, et plusieurs ordonnances qui blessaient l'armée et froissaient certaines opinions augmentèrent le mécontentement. Napoléon, instruit de ce qui se passait en France, part de l'île d'Elbe, débarque à Cannes le 1er mars 1815, et arrive à Paris le 20, sans avoir tiré un coup de fusil. Louis XVIII se retire à Gand, où il reste jusqu'après la perte de la bataille de *Waterloo*.

Napoléon abdiqua une seconde fois et se livra aux Anglais, qui le reléguèrent à Sainte-Hélène.

Cette dernière guerre fut infiniment onéreuse à la France; car il fallut accorder aux princes alliés l'occupation, pendant cinq ans, de 17 forteresses, l'entretien d'une armée étrangère et payer une énorme contribution.

La France était en paix avec toute l'Europe, lorsqu'une révolution, qui menaçait le trône de Ferdinand, éclata en Espagne. Le roi de France envoya à son secours une armée sous les ordres du duc d'Angoulême, qui rétablit presque sans combat le roi d'Espagne sur son trône absolu. Cette guerre était à peine terminée lorsque Louis XVIII mourut à Paris, le 16 septembre 1824.

1824—Charles X, frère de Louis XVIII, s'abandonna tout entier aux ultra-royalistes, qui l'entraînèrent dans une voie au bout de laquelle était un abîme. Le roi, après une revue de la garde nationale de Paris, où quelques cris s'étaient fait entendre contre ses ministres, la licencia.

Quoi qu'il en soit, ce règne ne fut pas sans gloire : **Charles X** reconnut l'indépendance de Saint-Domingue, il applaudit au combat de Navarin, envoya une expédition en Morée et ordonna la conquête d'Alger. Ce dernier succès abusa les ministres au point de conseiller au roi de rendre les ordonnances du 25 juillet 1830.

Le peuple de Paris court aux armes, triomphe en trois jours de la garde royale, et Charles X est détrôné et forcé de quitter la France.

1830—Louis-Philippe Ier.—L'avénement de ce prince irrita les légitimistes, trompa les républicains et ne satisfit que la classe bourgeoise, qui plus tard l'abandonna. Son trône fut sans cesse en butte aux attaques armées des partis, et sa vie menacée par de nombreux assassins.

Cependant il envoya en 1831 une flotte française dans le Tage pour protéger les résidents français contre les violences de don Miguel. En 1832 il fit occuper Ancône pour empêcher l'invasion des Etats-Romains par les Autrichiens. Dans la même année une armée française assiégea Anvers pour contraindre la Hollande à évacuer la Belgique. L'Algérie, sur la fin de son règne, fut entièrement conquise et pacifiée.

Des chemins de fer, partant du cœur de la France, se construisirent ou se tracèrent jusqu'à la mer ou aux frontières. A Paris la Madeleine fut achevée, l'Arc de Triomphe de l'Etoile terminé, l'Obélisque de Louqsor s'éleva sur la place de la Concorde, et la statue de Napoléon fut replacée sur son immortel piédestal. Le prince de Joinville ramena en France les cendres du grand homme; elles furent placées triomphalement aux Invalides. Une enceinte de fortifications et sept forts apprirent aux étrangers le danger d'une invasion nouvelle.

Des travaux moins grandioses et plus utiles furent aussi exécutés. Des rues nouvelles furent percées, des ponts nouveaux jetés sur la Seine, enfin le château de Versailles devint un musée immense et national dont s'enorgueillit la France et que l'Europe nous envie.

Sur la fin de sa carrière politique, ce prince méconnut les besoins nouveaux du peuple : il craignit d'appeler tous les Français à la participation de leurs droits politiques, et une opposition formidable se dressa devant lui.

Le 23 février, à l'occasion d'un banquet que les ministres avaient empêché, le peuple se lève au cri de : Vive la Réforme ! la garde nationale reste inactive, et le soir la nouvelle du coup de pistolet de l'hôtel des Capucines se répand comme une commotion électrique dans tout Paris. De toutes parts on crie : *Aux armes ! à la trahison !* Dans la nuit quatre mille barricades s'élèvent comme par enchantement, et dès l'aube du jour une foule compacte, bigarrée, armée de tout ce qu'elle a trouvé sous sa main, se porte aux Tuileries. Le roi, qui ne voulut pas tacher de sang les pavés qui en 1830 avaient servi de piédestal à son trône, se sauva furtivement de Paris. Le lendemain de la chute de Louis-Philippe un gouvernement provisoire se forma et proclama la république. Il convoqua plus tard tous les Français en réunion universelle pour la nomination de ses représentants. L'Assemblée se réunit le 5 mai. Le 15 elle fut envahie. Les auteurs de cet attentat furent arrêtés, envoyés devant la haute cour et condamnés.

Le 23 juin, l'insurrection la plus formidable dont l'histoire fasse mention éclate dans Paris. Elle dure trois jours, présente dans quelques quartiers l'image du siège de Saragosse, coûte la vie à dix mille hommes, et en envoie autant sur les pontons ou dans l'exil.

Nous terminerons en disant que le 10 décembre 1848 l'immense majorité de tous les Français choisit spontanément pour son premier magistrat Louis-Napoléon. Espérons qu'il se montrera digne d'un si grand nom, et que désormais les Français, rassasiés de gloire, fatigués de discordes et de guerres civiles, porteront dans leur cœur ces sentiments de *liberté*, d'*égalité* et de *fraternité* qui jusqu'à ce jour n'ont été gravés que sur le fronton des monuments.

FIN.

TABLE.

État de la Gaule avant les Romains. 3	Louis VIII. — Louis IX. 24
	Philippe III. 25
Pharamond. — Clodion.— Mérovée.—Childéric Ier.— Clovis Ier. 4	Philippe IV, le Bel. . . . 26
	Louis X. — Philippe V. — Charles IV. 28
Les quatre fils de Clovis. . 5	Philippe VI. 29
Clotaire Ier.—Chilpéric Ier. 6	Jean-le-Bon. 30
Clotaire II. — Dagobert. . 7	Charles V, le Sage. . . . 31
Clovis II —Clotaire III.— Childéric II. 8	Charles VI. 32
	Charles VII. 33
Thierry Ier. — Clovis III. — Childebert II. . . . 9	Louis XI. 35
	Charles VIII. 37
Dagobert II.—Clotaire IV. — Chilpéric II.—Thierry II. 10	Lous XII. 38
	François Ier. 39
	Henri II. 42
Childéric III. 11	François II. — Charles IX. 43
Pépin. — Charlemagne. . 12	
Louis Ier.— Charles Ier. . 14	Henri III. 45
Louis II. — Louis III. — Charles II, dit le Gros. 15	Henri IV. 47
	Louis XIII. 48
Eudes. — Charles III. . . 16	Louis XIV. 50
Raoul. — Louis IV. . . . 17	Louis XV. 54
Lothaire. — Louis V. — Hugues Capet. 18	Louis XVI. 57
	Première République. — Napoléon. 60
Robert-le-Pieux. 19	
Henri Ier.— Philippe Ier. . 20	Louis XVIII. 61
Louis VI, le Gros.—Louis VII. 22	Charles X. — Louis-Philippe. 62
Philippe II. 23	Deuxième République. . . 63

Paris.—Imprimerie Bonaventure et Ducessois, 55, quai des Gr.-Augustins.

CHEZ TOUS LES LIBRAIRES

on peut se procurer séparément les ouvrages de la

BIBLIOTHÈQUE POUR TOUT LE MONDE

RELIGION, MORALE,
SCIENCES ET ARTS, INSTRUCTION ÉLÉMENTAIRE,
HISTOIRE, GÉOGRAPHIE, ETC.

TITRES DES OUVRAGES

Numéros:

1. Alphabet (avec 100 gravures).
2. Civilité (2ᵉ livre de Lecture).
3. Tous les genres d'Écriture.
4. Grammaire de Lhomond.
5. Le mauvais Langage corrigé.
6. Traité de Ponctuation.
7. Arithmétique simplifiée.
8. Mythologie.
9. Géographie générale.
10. — de la France.
11. Statistique de la France.
12. La Fontaine (avec notes).
13. Florian (avec notes).
14. Ésope, etc. (avec notes).
15. Lecture pour chaque Dimanche
16. Morceaux de Littérature : Prose.
17. — — Vers.
18. Art poétique (avec notes).
19. Morale en action.
20. Franklin (œuvres choisies).
21. Les Hommes utiles.
22. Les bons Conseils.
23. Histoire ancienne.
24. — grecque.
25. — romaine.
26. — sainte.
27. Histoire du moyen âge.
28. — moderne.
29. — de la découverte de l'Amérique.
30. — de France.
31. — de Paris.
32. — de Napoléon.
33. Tablettes universelles.
34. Le Monde à vol d'oiseau.
35. Robinson raconté en famille.
36. Merveilles de la Nature.
37. Découvertes et Inventions.
38. Erreurs et Préjugés.
39. Le Bonhomme *Parce que* et son voisin *Pourquoi*.
40. Histoire Naturelle }
41. Géologie }
42. Astronomie } avec
43. Physique amusante } gravures.
44. Chimie amusante }
45. Tenue des Livres simplifiée.
46. Géométrie }
47. Algèbre } avec
48. Arpentage } gravures.
49. Dessin linéaire }
50. Poids et Mesures.

Bibliothèque pour tout le monde! — Pour que cette Bibliothèque justifie son titre et qu'une place lui soit donnée dans toutes les familles ; —pour qu'elle soit réellement *élémentaire, instructive*, il faut que, TOUTE d'instruction, elle ne s'occupe que de sujets religieux, moraux ou scientifiques : — il faut aussi que son prix *extraordinairement bas* en rende l'acquisition très-facile *à tout le monde* : tel est notre but.

CHAQUE OUVRAGE SE VEND SÉPARÉMENT.

Imp. Bonaventure et Ducessois.

www.ingramcontent.com/pod-product-compliance
Lightning Source LLC
LaVergne TN
LVHW051457090426
835512LV00010B/2200